POLYGLOTT

JORDANIEN

ON TOUR

W0234016

DER

WALTER M. WEISS

arbeitet seit über 30 Jahren von Wien aus als
freier Autor und hat bereits mehr als 100 Sach- und
Reisebücher verfasst. Zu seinen Themenschwerpunkten
gehören neben seiner Geburts- und Heimatstadt,
der Kulturgeschichte Mitteleuropas und dem buddhistischen
Kulturraum insbesondere auch die islamisch geprägte Welt.
Nähere Informationen unter www.wmweiss.com

Unser E-Book-Code zur elektronischen Erweiterung des
POLYGLOTT on tour. Das kostenlose E-Book enthält die im
Reiseführer aufgeführten Adressen entlang der Touren,
beispielsweise zu Essen und Trinken, Shoppen, Aktivitäten
und Hotel-Tipps. Links auf einen externen Kartendienst
vereinfachen das Auffinden dieser Adressen.

WWW.POLYGLOTT.DE

SYMBOLE ALLGEMEIN

 Erstklassig: Besondere Tipps
der Autoren

 Seitenblick: Spannende
Anekdoten zum Reiseziel

 Top-Highlights und
Highlights der Destination

52 TOUREN & SEHENSWERTES

TOUR-SYMBOLE		**PREIS-SYMBOLE**	
❶ Die POLYGLOTT-Touren		Hotel DZ	Restaurant
❻ Stationen einer Tour		(DZ & Frühstück)	(Menü)
📖 A1 Die Koordinate verweist auf	€	unter 60 EUR	unter 20 EUR
die Platzierung in der Faltkarte	€€	60 bis 120 EUR	20 bis 30 EUR
📖 a1 Platzierung Rückseite Faltkarte	€€€	über 120 EUR	über 30 EUR

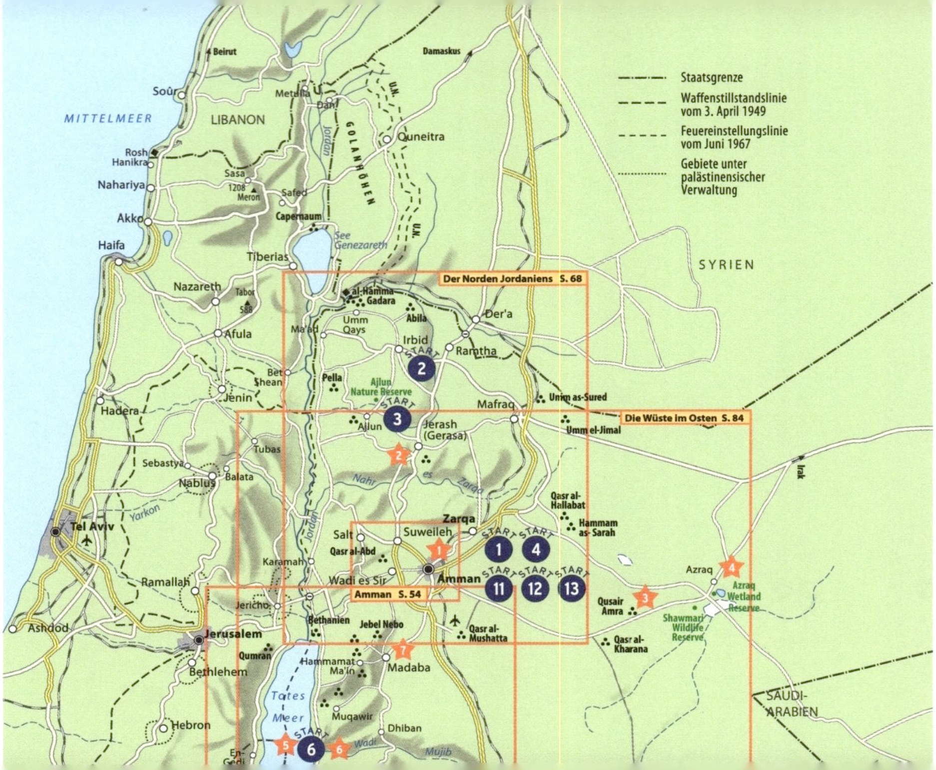

Perfekte Planung > Parallel vordere Klappe aufschlagen

TOP-12-HIGHLIGHTS

1. DOWNTOWN AMMAN > S. 56
2. JERASH > S. 73
3. QUSAIR AMRA > S. 89
4. AZRAQ > S. 90
5. TOTES MEER > S. 98
6. WADI MUJIB > S. 101
7. MADABA > S. 103
8. KREUZFAHRERBURG KERAK > S. 109
9. DANA NATURE RESERVE > S. 112
10. FELSENSTADT PETRA > S. 122
11. AQABAH > S. 134
12. WADI RUM > S. 139

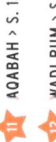

JORDANIEN

SAUDI-ARABIEN

ISRAEL

ÄGYPTEN

Kerak

Dhat Ras

Kirbat at-Tamur

Tafila

Dana Nature Reserve

Dana

Jebel Atara 1641

Feinan

Shawbak

8

5

9

Totes Meer und Straße der Könige S. 94

7

Petra S. 115

Petra

10

Wadi Musa

Ma'an

8

Jebel Haroun 1727

Ras an-Naqab

Quweirah

Rum

Jebel Rum

Wadi Rum P.A.

1854 Jebel Umm ad-Dami

10

9

Rotes Meer und Wadi Rum S. 129

Aqaba

Eilat

11

Dimona

En-Hazeva

Sedom

Arad

Wadi Arabah

Wadi Dana

W   ü   s   t   e

N   e   g   e   v

Golf von Aqaba

50 km

0

N

Das antike Petra mit dem
berühmten Schatzhaus ist
ein Jordanien-Highlight

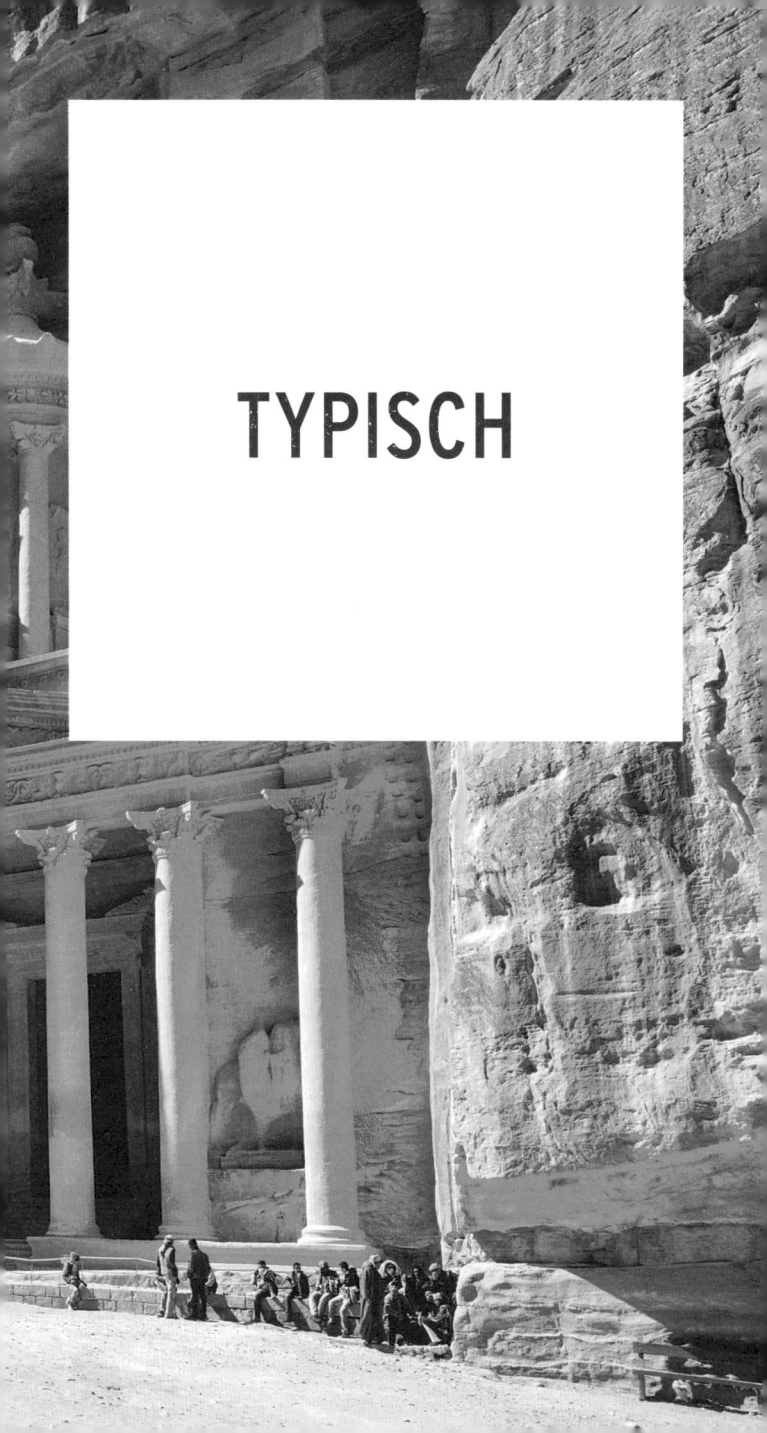

TYPISCH

JORDANIEN IST EINE REISE WERT!

Das Haschemitische Königreich bietet eine faszinierende Symbiose von Alt und Neu, die Vielfalt an Ruinenstätten und Kunstdenkmälern diverser Epochen, dazu kontrastierend das orientalische Flair von Basaren und moderner Schick, eingebettet in vielerorts grandiose Landschaften.

WALTER M. WEISS
arbeitet von Wien aus als freier Autor und hat bereits mehr als 100 Sach- und Reisebücher verfasst. Zu seinen Themenschwerpunkten gehören neben seiner Geburts- und Heimatstadt, der Kulturgeschichte Mitteleuropas und dem buddhistischen Kulturraum die islamisch geprägte Welt. Nähere Informationen unter www.wmweiss.com

Sebah al-cher! Merhaba! – »Guten Morgen! Willkommen!« Verdutzt reibt sich der Neuankömmling die Augen. Am Vorabend erst ist er auf Ammans Queen Alia Airport gelandet. Und heute Morgen noch, bei der Fahrt hinaus aus Jordaniens Hauptstadt, entsprach die Szenerie ganz der Erwartung. Ein wucherndes Häusermeer, dahinter braune Hügel, Geröll, Fels, kaum Vegetation. Nun aber, keine Autostunde später, empfängt uns der Ranger des Nationalparks von Ajlun inmitten idyllischer, herrlich blühender Natur. Hier, auf halber Höhe zwischen See Genezareth und Totem Meer, hat der mediterrane Frühling jetzt, Mitte März, schon seinen Blütenteppich und ein Duftpolster über das Land gebreitet. Minze, Salbei, Ginster, Mimosen, leuchtende Mohnblumenfelder, silbergrüne Olivenhaine auf roter Erde – der Liebreiz erreicht geradezu provenzalische Dimensionen.

Ich erlebe es immer wieder, dass Menschen, mit denen ich Jordanien bereise und die damit eine unscheinbare Wüstenei verbanden, bass erstaunt sind über die landschaftliche Vielfalt angesichts wildromantischer Gebirgstäler, sanfter, üppig grüner Hügel, der bizarren Salzszenerie des Toten und des glasklaren Wassers des Roten Meeres mit seinen kunterbunten Korallenriffen. Im Norden, zwischen dem Namen und Leben spendenden Fluss und den Golanhöhen, hat das Land Anteil am sogenannten fruchtbaren Halbmond. Der aride Süden hingegen ist Lebensraum der Beduinen. Und in den Städten, allen voran der Viermillionenmetropole Amman, stellen die Jordanier palästinensischer Herkunft die Mehrheit. Apropos: Was mich an dem haschemitischen Königreich besonders fasziniert und freut, ist sein Geschick, den Frieden nach innen wie nach außen zu bewahren. Gewiss, das Land leidet unter seiner geostrategisch prekären Lage. Es wird von außen oft als Teil jener nahöstlichen Krisenzone wahrgenommen, in der es zwar, eingeklemmt zwischen Israel und Syrien, dem Westjordanland und Irak, in der Tat liegt. Und der Strom syrischer Flüchtlinge macht seinen Bewohnern – bei aller bewundernswerten Solidarität– arg zu schaffen. Doch hält Jordanien seit Jahrzehnten als politisch stabile Insel inmitten dieser von heißlaufenden Konflikten geplagten Region tapfer die Stellung.

Besondere Meriten hat es sich auch auf dem Gebiet des sanften Tourismus erworben. Die »Königliche Gesellschaft für Naturschutz« hat, über das gesamte Staatsgebiet verstreut, bislang sieben Nationalparks eingerichtet und damit das gängige Vorurteil des Westens, in der arabischen Welt schere man sich nicht um die Erhaltung der Umwelt und sei an ökologischen Fragen desinteressiert, Lügen gestraft. Sorgsam markierte Rundwanderwege ermöglichen die Erkundung einer verblüffend vielgestaltigen Fauna und Flora. Auf Abenteuerlustige warten Canyons, Klettersteige und ein breites Angebot an Trekkingtouren per pedes oder auf dem Rücken von Kamelen. Und wer es betulicher liebt, kann im Ballon über die grandiosen Wüstenszenerien schweben oder sich in den exquisiten Wellnessoasen am Toten Meer in heißem Thermalwasser räkeln oder in heilenden Schlamm packen lassen.

Nicht minder reizvoll ist die kulturelle Vielfalt: Die jordanische Erde bildet seit vielen Jahrtausenden einen ungemein fruchtbaren Nährboden für blühende Zivilisationen. Manche ihrer Hinterlassenschaften gehören zu den größten Kulturdenkmälern der Menschheit, allen voran Petra, die 2000 Jahre alte, inmitten einer atemberaubenden Gebirgsszenerie gelegene Han-

Blick auf Amman

Begegnung mit einem Taxifahrer in Irbid

dels- und Königsstadt der Nabatäer mit ihren unzähligen Felsgräbern, Tempeln und Opferplätzen. Entlang des Jordans und im östlich angrenzenden Bergland kreuzt man die Wege von Abraham, Moses und anderen biblischen Heroen. In Bethanien kann man dort stehen, wo Johannes lebte und Jesus, von diesem getauft, erstmals zu Gott betete und begann, seine Jünger um sich zu scharen. An Orten wie Pella, Umm Quays und, am imposantesten, in Jerash, aber auch im Herzen Ammans, dem antiken Philadelphia, erinnern Ruinenfelder an das zivilisatorische Raffinement der Römer. Entlang des King's Highway zeugen die Burgen von Kerak und Shaubak vom Kampfeswillen der Kreuzritter und, weiter östlich, die Wüstenschlösser der Ummaijaden von der Dekadenz der frühislamischen Kalifen. Und in Madaba künden mit bunt schillernden Bildern belegte Böden von der vollendeten Kunst hellenistischer und byzantinischer Mosaizisten.

Was mich, der sich nun schon seit drei Jahrzehnten ausgiebigst in diesem gesegneten Land zwischen Aqabah und den Golanhöhen tummelt, nach wie vor begeistert, ist die unkomplizierte Art des Reisens. Man fährt über tadellose Asphaltstraßen, findet zumindest ab der Mittelklasse und in den touristischen Zentren komfortable Hotels. Und die Menschen begegnen Fremden außerordentlich gastfreundlich.

Mit einem Wort: Jordanien bietet den schönsten Beweis dafür, dass der Wunsch, jemanden in die Wüste zu schicken oder über den Jordan gehen zu lassen, durchaus auch wohlgemeint sein kann.

WAS STECKT DAHINTER?

Die kleinen Geheimnisse sind oftmals die spannendsten. Hier werden die Geschichten hinter den Kulissen erzählt.

WIESO LIEBEN BEDUINEN IHRE KAMELE SO SEHR?

Weil sie diesem »größten Geschenk Allahs« und robusten Transportmittel sehr viel, historisch genau genommen ihr Leben verdanken: sein wildbretähnliches Fleisch, seine an Mineralien und Vitaminen reiche Milch, die Haut – Rohmaterial für Riemen, Gürtel, Taschen und Sandalen – und die Haare, aus denen sich Zelte und wärmende Decken machen lassen. Sogar die Exkremente sind noch nutzbar – der trockene Dung als Brennstoff, der Urin als keimfreier Wundreiniger. Zudem sind die launigen Vierbeiner auch Kapital. Mit ihnen bezahlt man Bräute und sühnt Verbrechen. Außerdem haben sie schon manchen Wüstensohn vor dem Verdursten gerettet, indem sie mit ihrem sechsten Sinn eine Quelle fanden.

WIE KOMMT DAS SALZ INS TOTE MEER?

Durch geologische Prozesse wurde das Tote Meer vor etwa 3 Mio. Jahren vom Mittelmeer abgetrennt. Aufgrund extremer Lufttemperaturen verdunstete der größte Teil des Wassers und am tiefsten Punkt des Beckens entstand ein abflussloser See. Im Zuge der Verdunstung reicherte sich der Salzgehalt des Seewassers immer mehr an. Hinzu kommen Salze aus erodiertem Gestein der Erdkruste sowie vulkanischen Urprungs. Die Salzkonzentration im Toten Meer liegt heute bei über 30 % und ist auch verantwortlich für den enormen Auftrieb beim Bad im »Schwebezustand«.

WARUM WIRD IN JORDANIEN SO GERNE GEFEILSCHT?

Das Ritual des Feilschens wird oft mit dem Wesen der Orientalen erklärt. Doch so einfach ist die Sache nicht. Die Hauptgründe liegen vielmehr in den sozialen und wirtschaftlichen Rahmenbedingungen: Ein Kennzeichen der traditionellen Basarökonomie ist der ständige Mangel an objektiver Information wie Warenzeichen oder Güteklassen. Da es bis vor ein, zwei Generationen noch viele Analphabeten gab, bedienen sich die Menschen bis heute einer Strategie des mündlichen Austauschs von Daten. So testet der Käufer zuerst einmal das aktuelle Preisniveau, indem er diverse Händler unverbindlich befragt. Wo er auf das günstigste Angebot stößt, beginnt er zu feilschen. Ziel des Verkäufers ist es dabei, einen Stammkunden zu gewinnen, Ziel des Käufers, mit einem vertrauenswürdigen Händler eine dauerhafte Beziehung aufzubauen, um künftig zeitsparend, ohne lange Verhandlungen einkaufen zu können. Beide Seiten profitieren also vom Feilschen.

50 DINGE, DIE SIE …

Hier wird entdeckt, probiert, gestaunt, Urlaubserinnerungen werden gesammelt und Fettnäpfe clever umgangen. Diese Tipps machen Lust auf mehr und lassen Sie die ganz typischen Seiten erleben. Viel Spaß dabei!

… ERLEBEN SOLLTEN

1 **Petra zu Fuß** Die Faszination der antiken Stätte Petra › S. 123 eröffnet sich bei einer Wanderung von Wadi Musa zum Jebel Madbah (Hoher Opferplatz, 1070 m), v.a. wenn man früh aufbricht und die Landschaft im Morgenlicht erlebt (2 ½ Std. ab Visitor Centre).

2 **Jordan ökologisch** Vögel beobachten, die Flora des Jordantales studieren oder einfach die Landschaft genießen: Auf einer Exkursion lernen Sie am Ziglab-Stausee mit dem SHE Ecopark › S. 80 ein Öko-Musterprojekt kennen – Übernachtung in Holzkabinen und spektakulärer Sternenhimmel inklusive (Tel. 079/800 04 70, www.jordanecopark.com).

3 **Kamelritt auf den Spuren von Lawrence** Das Wadi Rum von einem Höcker aus genießen – zwischen den hoch aufragenden Wänden des Siq al-Barrah › S. 142 packt die Erhabenheit der Wüste besonders (2 Std. ab 30 JD, 1 Tag ab 60 JD).

4 **Auf Tauchstation vor Aqaba** Für Tauchanfänger und Schnorchler bietet das schon im seichten Wasser beginnende Riff Japanese Garden 🐚 B19 unvergessliche Einblicke in die bunte Unterwasserwelt des Roten Meeres › S. 138 (Schnorchelausflug ca. 45 JD, Tauchtag ca. 75 JD).

5 **Wadi Rum von oben** Spektakuläre Aussichten über das Trockental um Petra verspricht eine ca. 1-stündige Fahrt im Heißluftballon. Treffpunkt ist das Visitor Centre von Wadi Rum 🐚 D19 (Tel. 079/730 02 99, www.rascj.com Erw. 130 JD, Kinder 6–12 Jahre 65 JD).

6 **Antilopen beobachten** Auge in Auge mit der so schönen wie scheuen und seltenen Oryxantilope steht man in der Oase Azraq bei einer Safari im Shawmari Wildlife Reserve › S. 91. Besonders eindrucksvoll

Auf Rifftauchgang vor Aqabah

Bei den gefährdeten Oryxantilopen freuen sich die Wildhüter besonders über Nachwuchs

sind die nächtlichen Touren (zu buchen bei der RSCN in der Azraq Lodge).

7 Durch die schwarze Schlucht Eine spannende Canyoningtour der RSCN führt watend, schwimmend, und kletternd durch den Canyon des Wadi Mujib > S. 107 (www.rscn.org.jo, April–Okt.).

8 Kaskaden-Thermalbad Balsam für Leib und Seele: Suhlen Sie im heilkräftigen, 40 bis 60 °C warmen Schwefelwasser von Hammamat Ma'in > S. 107 – in den natürlichen Felsenpools, Schultermassage unter dem Wasserfall inklusive.

9 Per Drahtesel auf der Straße der Könige Eine schöne geführte Radtour auf Nebenstraßen von Madaba nach Muqawir (56 km, 4 Std., ab 65 JD), begleitet von Blicken auf das Jordantal und das Tote Meer, organisiert Terhaal > S. 31 (Amman, 22, Al Baouneyya, Jabal Al Weibdeh, Tel. 06/464 19 59, www.terhaal.com).

10 Kamelrennen im Wadi Rum Ein Spektakel nach alter Wüstentradition: Im Winterhalbjahr lassen Beduinen > S. 139 meist freitags ihre geliebten Vierbeiner um die Wette laufen. Im Visitor Centre oder direkt bei den Beduinen nach Ort und Termin erkundigen und mitfiebern.

11 Hammambesuch Wecken Sie nach dem Sightseeing der Nabatäerstadt Petra ihre Lebensgeister neu durch ein Komplettprogramm im Türkischen Bad, mit Peeling, Dampfbad, Sauna und Massage in alten Gewölben. Eine Topadresse in Petra ist das Salome Turkish Bath D15 (Tel. 03/215 73 42, ab 7 JD).

... PROBIEREN SOLLTEN

12 **Kunafeh** Zucker, Honig, Sirup, Butter: Als die Dessertspezialität Jordaniens gilt das aus zartem Blätterteig und geschmolzenem Ziegenkäse fabrizierte Kunafeh (1–2 JD), etwa aus der Bäckerei Habibah, die in Amman etliche Filialen betreibt, zentral in der Al-Hussein St., nahe King Faisal St. 📖 c2 (www.habibah sweets.com).

13 **Shisha schmauchen** Gönnen Sie sich beim Bummel durch Amman ein Stündchen mit einer Wasserpfeife. Die geselligen Straßencafés haben jede nur erdenkliche Sorte aromatisierten Tabaks im Angebot. Empfehlung: mit Apfelgeschmack, im Tche Tche Café 📖 b3 (1st Circle, Rainbow St., Jebel Amman).

14 **Nationalgericht Mansaf** Tun Sie sich am Klassiker der Beduinenküche gütlich, einer delikaten Mischung aus Safranreis und gewürfelten Lammkoteletts in joghurtähnlicher Soße mit Mandeln und Petersilie auf Fladenbrot (ab 5 JD). Besonders lecker etwa im Restaurant Al Quds 📖 c2 in Ammans King Hussein St.

15 **Beduinenkaffee an der Ecke** Der Koffeinbooster, frisch aufgebrüht und pechschwarz serviert z. B. vom ambulanten Händler im Suq von Amman › S. 57, verleiht garantiert frische Energien. Und schmeckt dank Kardamom herrlich orientalisch (0,40–0,60 JD).

16 **Petra-Küche** Ob Meze, Klassiker wie Muloukhieh und Maqoubeh

Die Shisha sorgt für Entschleunigung

oder die süßen Ataif: Im Restaurant Petra Kitchen › S. 128 lernen Sie in Abendkursen (oder mehrtägigen) unter Anleitung eines Kochprofis die Zubereitung arabischer Spezialitäten. Am Ende gibt's ein gemeinsames Mahl (35 JD pro Pers.).

17 Saftige Süße Löschen Sie Ihren Durst zwischendurch doch mit Zuckerrohrsaft (ca. 0,5 JD). In allen größeren Städten bekommt man in Lebensmittelläden das erfrischende Elixier kredenzt. Ein Tipp: Achten Sie darauf, dass man die fasrigen Stengel vor ihren Augen auspresst!

18 Paradies für Schleckermäuler Vergessen Sie mal alle Vorsätze und verkosten Sie nahöstliche Süßigkeiten wie Nabulsieh, Faisalieh, Barazek, Ush Al-Bulbul, Ghriebeh oder

Mamoul. Besonders verführerisch ist etwa das Sortiment der Zalatimo Brothers for Sweets ▌E6 in Amman (Shmeisani, Abed Al Hameed Sharaf St.; tgl. 9–22 Uhr).

19 Lammfleisch im Mantel Gegen den Hunger zwischendurch empfiehlt sich ein Shawarma. Eine Klasse für sich sind die mit pikanten Fleischstückchen gefüllten Sandwiches bei einem Takeaway von Reem ▌E6 (drei Filialen in Amman, u. a. am 2nd Circle).

20 Schlemmerausflug Unbedingt probieren sollten Sie Fattah, ein Gericht aus gebackenem Brot, gefüllt mit Hummus, Pinienkernen und wahlweise Lamm oder Huhn. Im Dorf Fuheis, 10 km nordwestlich von Amman, locken gleich zwei kulinarische Adressen hierfür › S. 66: Die Restaurants Zuwwadeh und Mallol sind beide weithin bekannt für ihre authentische Küche.

... BESTAUNEN SOLLTEN

21 Königs Fuhrpark Auto- und Motorradfans zieht es in das Royal Automobile Museum ▌E6 in Amman, das den Fuhrpark der Monarchen zeigt – darunter auch den Mercedes 300 SL, mit dem König Hussein Rennen fuhr (King Hussein Park, www.royalautomuseum.jo, Sa bis Mo, Mi/Do 10–19, Fr 11–19 Uhr).

22 Jordan Museum Das jüngste Aushängeschild der nahöstlichen Museumsszene verdient schon we-

Das antike Gerasa liefert die stimmungsvolle Kulisse für das Jerash Festivals

gen seiner kühn verschachtelten, traditionelle Elemente zitierenden Architektur mit sandsteinfarbenem Baumaterial und viel Glas aus der Hand des Architekten Ja'afar Touqan einen Besuch › S. 63.

23 Abu-Darwish-Moschee Ihr Inneres ist Muslimen vorbehalten, die in Ablaq-Technik schwarz-weiß gestreift gestaltete Fassade der 1961 fertiggestellten Moschee › S. 62 verdient aber eingehendere Betrachtung – und ein paar Fotos.

24 Altstadttreiben beobachten Besonders gut lässt sich das bunte quirlige Treiben in Ammans Stadtkern vom flaggenverzierten Balkon des Al-Rashid alias Eco-Tourism Café genießen › S. 61.

25 Riffleben im Roten Meer Faszinierende Perspektiven auf das bunte Treiben in den Korallenriffen hat man trocken in einer Glaskup-

pel sitzend bei einer Tour mit dem Semi-U-Boot von Neptune ab Talabay Marina 🚢 B19, 10 km südlich von Aqabah (20 JD, Tel. 077/943 09 69, www.facebook.com/NeptuneBoat).

26 Jerash Festival Konzerte internationaler Orchester und Solisten, Tanz und Folklore an lauen Sommerabenden Ende Juni und im Juli vor der antiken Kulisse zweier Amphitheater › S. 73 sind traumhaft.

27 Das Heilige Land in Cinemascope Das Dead Sea Panorama › S. 99 eröffnet von – durch Fußwege verbundenen – Aussichtspunkten phänomenale Fernblicke auf das Tote Meer in Richtung Jerusalem.

28 Landkarte in Madaba Ein Meilenstein spätantiker Mosaizierkunst ist die aus etwa 2,3 Mio. Steinchen gefügte Palästinakarte in der St.-Georgs-Kirche › S. 103. Im Zentrum ist – der altchristlichen Auffassung vom Nabel der Welt folgend – das heilige Jerusalem erkennbar.

29 Blaue Kuppel Da die König-Abdullah-Moschee › S. 63 in Amman für alle zugänglich ist, sollte man nicht verpassen, einen Blick in die gigantische blaue Kuppel mit sternförmigen Goldverzierungen und riesigem Lüster zu werfen.

30 Panorama in Umm Qays An klaren Tagen genießt man von Gadara › S. 78 einen grandiosen Blick über das nördliche Jordantal, die Felsschlucht des Yarmuk und den See Genezareth bis zu den Golanhöhen und zum Berg Hermon.

31 Megafahne Ein Superlativ der speziellen Art: Am Ufer von Aqabah █ B19 ragt der mit 138 m höchste Fahnenmast der Welt himmelwärts. Daran weht die 40 × 20 m große Flagge des arabischen Widerstands aus dem Ersten Weltkrieg.

... MIT NACH HAUSE NEHMEN SOLLTEN

32 Webteppiche Auch wenn man dabei vielleicht nicht gleich an Jordanien denkt: Beduinen knüpfen aus Schafs- und Ziegenwolle wunderschön gemusterte Exemplare. Und auch die Manufakturen in und um Madaba sind für hohe Kreativität und Qualität bekannt. Eine empfehlenswerte Adresse ist Bani Hamida House › S. 108 in Muqawir (schöne Stücke ab ca. 300 JD).

33 Souvenir fürs Badezimmer Nahe der Siedlung Rasun bei Ajlun hat die Königliche Naturschutzorganisation (RSCN) eine kleine Seifenfabrik › S. 72 ins Leben gerufen, erreichbar über den sog. Soap Makers Trail. Dort verkaufen die Dorffrauen aus Olivenöl und Kräutern selbst fabrizierte, herrlich z. B. nach Lavendel oder Granatapfel duftende Ware (ca. 1 JD pro Stück).

34 Sandflaschen Charmant sind die mit Sand gefüllten Fläschchen, die man in Petra feilbietet, wie etwa The Sand Castle › S. 51. In manchen Shops kann man sie mit dem eigenen Namen versehen lassen.

35 Silberschmuck Im Besucherzentrum des Dana-Reservats wird hübscher Silberschmuck verkauft, den Frauen des nahen Dorfes in Heimarbeit herstellen › S. 51. Eine Halskette, ein Ring oder Ohrgehänge wecken dauerhaft schöne Erinnerungen.

Beduinenteppiche werden gern gekauft

36 Traditionelle Keramik Dekorative, hochwertige und kunstvoll mit arabischer Kalligrafie verzierte Keramik – etwa eine Schale oder einen Aschenbecher (ab 50 JD) – findet man bei Beit al-Bawadi › S. 66 in Amman. Die Erlöse fließen direkt an die hier arbeitenden Kunsthandwerker.

37 Beduinische Trachten Nichts für modische Langeweiler: Die traditionelle Festkleidung der Wüstenbewohner glitzert dank der kunterbunt applizierten Perlen, Pailletten und Stickereien. Eine Reihe gut sortierter Läden ist auf dem Jebel Amman beheimatet, eine ausgezeichnete Adresse ist Badr Addjua ▮ E6 (2nd Circle, Abu Tammam St. Bldg. No. 15, Tel. 079/5526924).

38 Perlmutt aus Palästina Weit verbreitet in jordanischen Läden ist Kunsthandwerk aus dem nahen Westjordanland. Schöne Mitbringsel sind Arbeiten aus Perlmutt bzw. mit -einlagen, wie Schatullen oder Brieföffner aus Bethlehem. Eine gute Adresse: Shiraz Stores ▮ E6 (18 Mamdouh al Sarayrah Street, Amman, Tel. 06/585 89 33, Fr geschl.).

39 Gewürzter Alltag Bringen Sie neuen Schwung in Ihre Küche mit Kostproben aus dem nahöstlichen Gewürzangebot. Das bunteste bietet in Amman der einschlägige Basar ▮ c3 im Gassengewirr zwischen Al-Malek Talal und Quraysh St. Besonders schmackhaft: das säuerliche Sumach und die gerne mit Olivenöl verstrichene Mischung Zatar.

Gewürze vom Basar sind ein geschmackvolles Mitbringsel

... BLEIBEN LASSEN SOLLTEN

40 Wasser verschwenden Das Lebenselixier ist in dem Wüstenstaat naturgemäß ein rares Gut. Deshalb bitte in Bad, Dusche und WC damit stets sparsam umgehen!

41 »Bakschisch« vergessen Zeigen Sie sich gegenüber dem Taxifahrer, Servicepersonal oder Straßenhändler großherzig, denn das Trinkgeld ist ein unverzichtbarer Teil ihres Einkommens.

42 Zu viel Haut zeigen Es kann nicht oft genug wiederholt werden: Kurze Röcke, schulterfreie Kleider, tiefe Dekolletés sind taktlos und deplaziert. Sie verletzen die Gefühle der gläubigen Menschen und provozieren aufdringliche Blicke.

43 Vor Publikum turteln Zurückhaltung geziemt sich auch für Paare. Öffentliches Küssen und Zärtlichkeiten sind absolute No-Gos, werden als grober Fauxpas empfunden.

44 Einen über den Durst Jordanien ist bezüglich Alkohol für Touristen im Vergleich zu anderen islamischen Staaten recht liberal. Gerade deshalb ist jedes Zeichen von Trunkenheit zu vermeiden › S. 48.

45 Kritik gegenüber König und Religion Sich abfällig über den Monarchen, dessen Familie und Politik zu äußern ist tabu. Auch ein Outing als Atheist erntet im besten Fall Mitleid, im schlechteren Empörung.

46 »Antikes« kaufen Vor allem im Umfeld von Ruinenfeldern versuchen »Antiquitätenhändler« bisweilen, ahnungslosen Touristen überteuerte »archäologische Funde« anzubieten. Wären sie wirklich alt, hätten Sie auch spätestens bei der Ausreise ärgste Probleme › S. 49.

47 Ungeniert die Hand reichen Frauen sollten bei Begrüßungen Zurückhaltung walten und fremden – speziell älteren – Männern nicht von sich aus die Hand geben. Wer die rechte Hand aufs Herz legt, bekundet nach alter Sitte Respekt.

48 Gastfreundschaft fehldeuten Einladungen sind nicht immer wörtlich zu nehmen, sondern oft Höflichkeitsfloskeln, die man erst dann akzeptiert, nachdem sie zwei-, dreimal ausgesprochen wurden.

49 Unsensibles Verhalten in Moscheen Jordanier heißen auch Nichtmuslime in vielen ihrer Gotteshäuser willkommen › S. 44, vorausgesetzt sie sind züchtig gekleidet, haben die Schuhe draußen abgelegt und stören bzw. fotografieren keine Gläubigen. Unbedingt vermeiden: vor Betenden vorbeigehen, da das Gebet dadurch ungültig wird.

50 Hektik verbreiten Die sprichwörtliche orientalische Gelassenheit gilt in Jordanien vielerorts nach wie vor, der Alltag fließt gemächlicher als in anderen Weltregionen. Ergo: Anpassung statt Tempodrücken. Laune und Blutdruck werden es Ihnen danken!

Vom Heißluftballon aus lässt sich das
Wadi Rum bestens überblicken

REISEPLANUNG
& ADRESSEN

DIE REISEREGION IM ÜBERBLICK

Bereits die Bibel beschreibt die beiden Welten, die in Jordanien aufeinandertreffen: jene der Sesshaften in den fruchtbaren Landstrichen am Jordan und jene der nomadisierenden Wüstenbewohner.

So vielfältig wie die Landschaften und Bewohner dieses kleinen Landes an der Nahtstelle zwischen Asien und Afrika sind, so vielfältig gestalten sich auch die Eindrücke und Erlebnisse, die Jordanien bietet.

Das Königreich ist in westöstlicher Richtung in drei Landschaftszonen gegliedert, die im Süden bei Aqabah, Jordaniens einziger Küstenstadt, zusammenlaufen. Die erste Zone umfasst die Große Grabensenke im Westen, die zweite das angrenzende Hochplateau. Östlich davon erstrecken sich die Wüsten und Steppen der Badiyah, die mehr als drei Viertel der Landesfläche einnimmt. Jordantal, Totes Meer und Wadi Arabah sind die nördlichen Ausläufer des Großen Grabenbruchs oder Rift Valley, das sich von Afrika über das Rote Meer bis hierher erstreckt.

Am Ostrand des Hochlandes gelegen, hat sich die einst auf sieben Hügeln erbaute, jordanische Hauptstadt **Amman** längst in das Umland ausgedehnt und zu einem wichtigen Banken- und Handelszentrum entwickelt. Die Stadt ist relativ jung, aber in den Gassen um die Al-Hussein-Moschee verbreiten Gewürzhändler orientalisches Flair. Dennoch bietet Amman auch abseits von dem Zitadellenhügel und dem römischen Theater viel Sehenswertes und hat in gewisser Weise die Nachfolge der libanesichen Hauptstadt Beirut als urbanes Zentrum des Nahen Ostens angetreten.

Von Amman gelangt man schnell in den **Norden Jordaniens:** In weiten Teilen unterhalb des Meeresspiegels gelegen, ist al-Ghor, wie das Jordantal von den Arabern genannt wird, gemeinsam mit dem Hügelland um Ajlun die Kornkammer Jordaniens. Östlich davon liegt das dicht besiedelte nördliche Hochland, das biblische Gilead, ein mit Oliven- und Pinienhainen bewachsenes Hügelland sowie mit gemäßigtem Klima. Im Norden wird es vom Fluss Yarmuk, im Süden vom Zerqa (dem antiken Jabbok) begrenzt. Unter hellenistischer und römischer Herrschaft blühten hier die Städte der Dekapolis, darunter Jerash, Umm Qays (Gadara) und Pella.

Im gesamten **Osten Jordaniens** dominiert steiniges, trockenes Flachland (arabisch Hammadah). Bloß nomadisierende Ziegen- und Schafzüchter trotzen der lebensfeindlichen Umwelt, weshalb diese Region auch den Beinamen Badiyah – Land der Beduinen – trägt. Weiter nördlich, im Hawran, beherrscht schwarzer Basalt das Bild. Inmitten dieser einsamen, öden Gegend befinden sich die sogenannten Wüstenschlösser, Wohnpaläste der Ummaijaden aus frühislamischer Zeit, wie Qasr al-Mushatta, Qasr al-Kharana, Qusair Amra und Qasr al-Hallabat.

Karge Felslandschaft in Zentraljordanien bei Dana

Zurück zum Grabenbruch im Westen: Der Jordan fließt ins **Tote Meer,** das über 400 Meter unter dem Meeresspiegel liegt und das salzhaltigste Gewässer der Erde ist. Es hat nur Zuflüsse, jedoch keinen Abfluss. Weder tierisches noch pflanzliches Leben regt sich hier. Wer in dieser »Pökelbrühe« badet, kann nicht untergehen – ein einmaliges Erlebnis! Am Nordrand des Toten Meeres liegt die erst in jüngerer Zeit ausgegrabene vermeintliche Taufstätte Jesu. Im Süden schließt sich das Wadi Arabah an, das bei Aqabah ins Rote Meer mündet. Flache Dünenlandschaften mit spärlichem Strauch- und Akazienbewuchs prägen das Bild. Durch die Niederschläge im Hochland haben sich im Laufe der Jahrmillionen tiefe Wadis gebildet, die zum Wadi Arabah hin entwässern. Bis zu vier unterschiedliche Klima- und Vegetationszonen durchquert man auf lohnenden Wanderungen etwa in den Wadis Mujib oder Dana. Durch das östlich angrenzende Bergland schlängelt sich die **Straße der Könige.** An ihr lagen einst die biblischen Königreiche Ammon, Moab und Edom. Später nutzten die Nabatäer die Route, um ihre Handelswaren von Petra ans Mittelmeer zu transportieren. Den Königsweg säumen zahllose historische Orte und einige der spektakulärsten Gegenden Jordaniens.

Die nabatäische Metropole **Petra** liegt im Zentrum dieser im Frühling nahezu lieblichen Berglandschaft. Allerdings ist das Land hier trockener als im Norden und ohne künstliche Bewässerung kaum für den Ackerbau geeignet. Schon die Nabatäer schufen deshalb ausgeklügelte Kanalsysteme, deren Spuren man allerorten auf Wanderungen entdecken kann.

Weit im Südosten erheben sich die Sandsteinberge der Hismah. Die winterlichen Niederschläge füllen teils die Zisternen der Beduinen, teils durchdringen sie den Sandstein bis zur Oberfläche des darunterliegenden Granits und treten als Quellen wieder hervor. So zeigt sich die Hismah und ihr bekanntestes Wadi, das **Wadi Rum**, besonders im Frühjahr als grünende Wüste. Die Küstenstadt Aqabah mit ihrer langen Corniche am **Roten Meer** und einer einzigartigen Unterwasserwelt bildet dazu einen reizvollen Kontrast.

KLIMA & REISEZEIT

Den Norden Jordaniens kennzeichnet mediterranes Klima, während im Süden kontinentales Wüstenklima herrscht. Entsprechend nehmen die Niederschläge von Nord nach Süd ab.

In den Sommermonaten (Mai–Okt.) ist es im ganzen Land heiß und trocken. Im Hochsommer (Juni–Aug.) erreichen die Tagestemperaturen z. T. über 40 °C, das Temperaturmittel liegt bei 25–30 °C. Nachts kühlt es besonders in der Wüste merklich ab. Im Winter kann es in höheren Lagen, etwa in Petra, Frost und Schneefälle geben. Am Westabhang des Jordangrabens fallen von November bis April bis 500 mm Regen jährlich. Die Wüstengebiete im Osten bleiben oft über Jahre trocken. Auf dem Hochplateau, das vom Roten Meer bis auf 1700 m ansteigt, regnet es meist in November/Dezember. Besonders niederschlagsreich sind Januar und Februar. In März/April regnet es nur noch selten. Am Roten Meer sind die Winter so mild, dass man auch im Januar baden kann. Der Norden und das Bergland lassen sich bei Tagestemperaturen bis zu 30 °C auch im Hochsommer gut bereisen. Selbst die höheren Temperaturen in den östlichen und südlichen Landesteilen sind einigermaßen erträglich, da die Luftfeuchte (außer in Meeresnähe) gering ist.

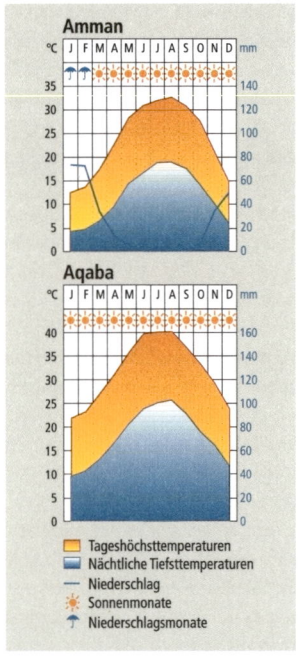

Tageshöchsttemperaturen
Nächtliche Tiefsttemperaturen
Niederschlag
Sonnenmonate
Niederschlagsmonate

Beduinenzelt in einer kleinen Oase im trockenen Wadi Rum

Die beste Reisezeit für Jordanien und damit touristische Hochsaison ist das Frühjahr zwischen Mitte März und Ende Mai, wenn nach den winterlichen Regenfällen alles zu grünen beginnt und sogar in der Wüste Blumen blühen. Aber auch der Herbst zwischen Mitte September und Ende November bietet günstige Bedingungen. Die Tagestemperaturen liegen dann im Schnitt zwischen 20 und 30 °C, während es nachts deutlich abkühlt (7 bis 15 °C). Auch die Zeit um Weihnachten ist beliebt.

ANREISE

Linienfluggesellschaften fliegen von Deutschland, Österreich und der Schweiz in etwa vier Stunden nach Amman, teils mit Umsteigen.

MIT DEM FLUGZEUG

Der moderne Flughafen Queen Alia International (www.qaiairport.com) liegt 32 km südlich von Amman an der Autobahn nach Aqabah. Zwischen 6.30 Uhr und 24 Uhr fährt von dort stündlich, danach um 1 und 3 Uhr ein Flughafenbus zur Busstation Tabarboor (3,25 JD inkl. Gepäck). Ferner gibt es zahlreiche Taxis, die etwa 15–20 JD verlangen (Trinkgeld von 2 JD ist üblich). Die Fahrt ins Zentrum dauert 30–40 Min.

Die wichtigsten Fluggesellschaften, die Amman anfliegen, sind Royal Jordanian (www.rj.com), Lufthansa (www.lufthansa.com), Austrian Airlines (www.austrian.com), Swiss (www.swiss.com), British Airways (www.ba.com), Air France (www.airfrance.com) und Turkish Airlines (www.turkishairlines.com).

REISEN IM LAND

Das Straßennetz in Jordanien ist generell in einem guten Zustand, zwischen den Großstädten verkehren Überlandbusse.

FLUGZEUG

Binnenflüge der Royal Jordanian und ihrer Tochtergesellschaft Royal Wings gibt es nur zwischen Amman/Queen Alia bzw. Marka Airport und Aqabah. Die Flugdauer beträgt etwa 45 Minuten, das One-Way-Ticket kostet ca. 55 JD. Der Aqabah/King Hussein International Airport liegt ca. 9 km nördlich der Stadt (Taxi ins Zentrum ca. 15 JD).

BAHN

Personenzüge auf der traditionsreichen Hidjaz-Bahn (www.jhr.gov.jo) verkehren nur noch einmal wöchentlich bzw. zu Ferienzeiten zwischen Amman und Al Jeezah, Al Qaser, Zarqa und Mafraq. Die Verbindung nach Syrien wurde wegen des dortigen Bürgerkriegs eingestellt.

BUS

Die drei großen Busunternehmen des Landes, Jett (Tel. 06/58 54 67, www. jett.com.jo), Trust International (Tel. 06/581 34 27) und Hijazi (Tel. 06/505 46 61, nur Busse Amman–Jerash–Irbid), bieten zuverlässige und schnelle Expressbusverbindungen zwischen allen größeren Städten. Fernbustickets sollten bereits am Vortag gebucht werden.

Minibusse verkehren zusätzlich zwischen allen kleineren Ortschaften des Landes. Sie fahren oft erst los, wenn sie voll sind. Die Sitzplätze werden so vergeben, dass Frauen ohne Begleitung (auch Touristinnen) nicht neben Männern sitzen. Mitunter werden deshalb Plätze vor Fahrtbeginn mehrfach gewechselt. Gezahlt wird nach Abfahrt, die Preise sind nicht verhandelbar. Stopps auf der Strecke sind an der Tagesordnung: Wer aussteigen will, klopft mit einer Münze gegen ein Fenster.

SAMMELTAXI UND TAXI

Die weißen Sammeltaxis (Service genannt) fahren nahezu alle großen und kleinen Ortschaften im Land an. Sie verkehren zudem auf festen Routen in den größeren Städten. Ein Sammeltaxi fährt erst los, wenn der Wagen voll besetzt ist. Die Preise liegen etwa doppelt so hoch wie bei einem lokalen Bus, die Fahrzeiten sind allerdings kürzer. Alleinreisende Frauen sollten auf dem Beifahrersitz Platz nehmen oder zumindest einen zweiten Platz dazukaufen.

Gelbe Taxis gibt es in größeren Ortschaften, in Amman mit Taxameter, der in der Regel funktioniert und den Fahrpreis in Fils (nicht Dinar!) anzeigt. Fahrten im Stadtgebiet von Wadi Musa (Petra) kosten immer 2 JD.

Bei allen anderen Fahrten muss der Preis jeweils mit dem Fahrer verhandelt werden. Frauen setzen sich im gelben Taxi niemals neben den Fahrer. Auch Touristinnen sollten unbedingt dieser Sitte folgen, um jegliche Missverständnisse zu vermeiden.

MIETWAGEN

Das Straßennetz Jordaniens ist insgesamt gut ausgebaut. Ortschaften und touristische Sehenswürdigkeiten sind ausreichend in Englisch ausgezeichnet. Tempolimits (wo nicht anders angegeben): innerorts 50 km/h, außerorts 80 km/h, auf schmalen Pass- und Serpentinenstraßen 60 bzw. 40 km/h, auf Autobahnen 120 km/h. Es gibt häufig Verkehrskontrollen. Alkohol am Steuer ist strikt verboten! Nachtfahrten sollte man unterlassen, weil manchmal auch unbeleuchtete Fahrzeuge sowie Tiere auf den Straßen unterwegs sind. Die Unfallrate ist recht hoch, fahren Sie deshalb besonders aufmerksam. Es herrscht (offiziell) Anschnallpflicht.

Fahrzeuge im Kreisverkehr haben Vorfahrt. In den Ortschaften gibt es häufig Straßenschwellen, die aber leider nicht immer ausgewiesen sind.

In Amman meidet man als Selbstfahrer den Stadtverkehr am besten. Hier ist das Taxi als Verkehrsmittel die erste Wahl › S. 60.

Autos können tage- oder wochenweise gemietet werden, mit (meist im Rahmen eines Pauschalarrangements) oder ohne Fahrer. Eine Vorabbuchung empfiehlt sich insbesondere zu den Saisonzeiten. Bei Anmietung in Jordanien lohnt sich der genaue Vergleich der enthaltenen Leistungen. Achten Sie unbedingt auf den Einschluss einer Vollkaskoversicherung ohne Selbstbehalt (CDW) und einer Insassenversicherung (PAI). Unlimitierte Kilometer sind in jeder Miete eingeschlossen. Im Falle eines Unfalls muss immer ein Polizeiprotokoll erstellt werden, denn ohne dieses Protokoll übernimmt die Versicherung den Schaden nicht.

Ein internationaler Führerschein und eine Kreditkarte sind für die Miete eines Autos erforderlich. Nehmen Sie bei der Wagenübernahme die Windschutzscheibe und die Reifen genau unter die Lupe, und achten Sie darauf, dass ein intakter Ersatzreifen vorhanden ist.

Für Selbstfahrer geeignete Wüstenstraße

💬 WÄCHTER DER NATUR

Im Dibeen Forest Reservat gedeiht auch Jordaniens Nationalblume, die schwarze Iris

Amer Jamhour ist kein Mann, dem man vorwerfen könnte, für seine Sache nicht zu brennen. Er arbeitet als Ranger sowie Aufseher im Naturreservat von Dibeen. Und er sprüht vor Mitteilungsbedürfnis, das sich merklich aus großer Fachkenntnis speist. Bald schon sind es 15 Jahre, die er hier oben, gut 50 km Luftlinie nordwestlich von Amman, keine 20 Autominuten westlich der für ihre antiken Ruinen berühmten Provinzstadt Jerash, Dienst tut.

Ich habe ihn am Eingang zu »seinem« Schutzgebiet getroffen, das, überschaubare 8 km² groß, etwa auf halbem Weg zwischen dem Toten Meer und dem See Genezareth liegt. Es ist Mitte März und der mediterrane Frühling hat bereits seinen Blütenteppich und ein Duftpolster über das Hügelland gebreitet. Minze, Salbei, Ginster, Mimosen, leuchtende Mohnblumenfelder, silbergrüne Oli-

venhaine auf roter Erde ... Und am Horizont, im Norden, grüßt von syrischem Gebiet, noch schneeweiß gleißend der Hermon-Berg oder Jebel as-Sheikh, wie ihn Amer auf Arabisch nennt. Jordanien, ein Wüstenland? Es hat geregnet und überall quillt Wasser. Die Luft ist von Flattern, Surren und Zirpen erfüllt. Auf der Anfahrt ergänzen Hirten mit ihren Schaf- und Ziegenherden die bukolische Idylle.

In Dibeen haben die Naturschützer mehrere markierte Wanderwege angelegt. Amer hat versprochen, mich auf dem längsten – fünf Stunden – mit der Pflanzen- und, etwas Glück vorausgesetzt, mit der Tierwelt auf Tuchfühlung zu bringen. Voll Enthusiasmus erläutert er, was entlang des Pfades wächst: Erdbeer-, Johannisbrot- und Pistazienbäume, Anemonen, Zyklamen, seltene Orchideen. Hie und da, auf entlegenen Lichtungen, entdeckt sein geübtes Auge sogar eine schwarze Iris, die Nationalblume des haschemitischen Königreichs. Und zwischendurch zeigt er mir noch archäologische Relikte: antike Wasserkanäle, verwitterte Siedlungsterrassen, einst als Weinpressen genutze Aussparungen im Fels. Die berühmte Via Traiana der Römer führte von Aqaba nach Bosra direkt über Dibeen.

Besonders ausführlich erzählt Amer von den Bäumen. Einst, sagt er, waren weite Teile des nördlichen Grenzgebiets, der Höhenrücken am linken Jordanufer, mit Wäldern bedeckt. Inzwischen ist bloß noch 1 % der gesamten Fläche des Landes bewaldet. Umso wichtiger sei die Funktion von Dibeen als nationale Kernzone der Artenvielfalt. Und umso stärker sei seine Motivation, bei der Erhaltung zu helfen. Zentraler Faktor der Vegetation in diesem Trockenklima ist *Pinus halepensis*, die Aleppoliefer. 130 000 Bäume, viele über hundert Jahre alt, wachsen in dem Gebiet. Noch einmal so viel, erzählt er, hätten er und seine Kollegen in den letzten Jahren neu gepflanzt. Und damit langfristig das Habitat von diversen akut bedrohten Tierarten abgesichert.

LOBBYARBEIT BEI ANRAINERN UND AUSFLÜGLERN

Später, bei der Rast auf dem Picknickplatz, gesellt sich Yaser Marashde, ein Kollege von Amer, zu uns. Die beiden Männer tragen, wie alle Ranger in Jordanien, schnittige Uniformen in Kaki. In geschmeidigem Englisch erzählen sie beim obligaten Kardamomtee aus der Thermoskanne von ihrer Arbeit. Ein wesentlicher Teil bestehe darin, die lokale Bevölkerung von Sinn und Zweck des Naturschutzes zu überzeugen. Und davon, dass längerfristig alle davon profitieren. Etwa 10 000 Menschen leben im Nahbereich, vorwiegend Bauern, die auch innerhalb des Ökoreservats Ackerland besitzen und bestellen. Mehrheitlich arm, sind sie es gewohnt, die natürlichen Ressourcen der Gegend zu nutzen. Um Abholzung und Überweidung entgegenzuwirken, riefen die Naturschützer Projekte zur wirtschaftlichen Förderung der Anrainer ins Leben. »Profitieren die Menschen vom Nationalpark materiell«, versichern Amer und Yaser unisono, »heißen sie unsere Aktivitäten gut.« Also initiierte man den Betrieb kleiner Töpfereien und Flechtereien, die Herstellung z.B. von Olivenöl und Honig. Außerdem unterstützt man die Einheimischen beim Vertrieb ihrer Produkte.

Die Attraktivität des so bewahrten Landschaftsidylls hat aber auch ihre Schattenseiten, meinen die beiden Männer: Dibeen sei bevorzugtes Ausflugsziel für Erholungssuchende aus den rapide wachsenden Städten der Umgebung. An Freitagen staue sich häufig der Verkehr auf der die Zufahrtsstraße. Bis zu 1000 Pkws müssen die Ranger dann auf den mit Toiletten versehenen Parkplatz geleiten. Der Lokaltourismus strapaziere die Natur durch Müll und Lärm massiv. Rücksichtsloses Querfeldeinfahren schädige zudem Erde und Wurzeln. »Raus aus dem SUV und rein in die Wanderschuhe«, laute daher Amers Devise.

JORDANIEN ALS ÖKOVORREITER

Das Reiseland hat sich Jordanien große Verdienste als Vorreiter auf dem Gebiet des Umweltschutz und sanften Tourismus erworben. Schon in den 1960er-Jahren schufen hier Ökopioniere, unterstützt von den Vereinten Nationen (UNDP) und dem Königshaus, die »Königliche Gesellschaft für Naturschutz« (RSCN). Bald verlieh ihr die Regierung in Amman das Recht, Jagdlizenzen auszustellen und Wilderer zu verfolgen. Als erster Staat im Nahen Osten erließ Jordanien 1995 ein Umwelt- und Tierschutzgesetz und schuf zu dessen Einhaltung 2006 eine eigene Polizeieinheit. Inzwischen hat die RSCN von Dibeen und der nahen Region um Ajlun im Norden über Shaumari und Azraq im Osten sowie Mujib am Toten Meer bis Dana und Wadi Rum im Süden im gesamten Staatsgebiet sieben Nationalparks eingerichtet, und damit das gängige Vorurteil des Westens, in der Arabischen Welt schere man sich nicht um die Erhaltung der Umwelt und sei an ökologischen Problemlösungen desinteressiert, widerlegt.

»Unsere Expertise in Umweltfragen ist hoch«, bemerkt Amer stolz. Und er beklagt, dass viele einschlägig ausgebildete Fachleute aufgrund lukrativer Jobangebote in die Golfstaaten abwandern. Für ihn, beteuert er, sei das keine Option. Anstatt Geld zu scheffeln, zählt er lieber im Auftrag der Behörden Populationen seltener Tiere, Grauer Wolf, Streifenhyäne oder Persisches Eichhörnchen. Die Erfolgsstory der Weißen Onyxantilope, die sich, noch vor 40 Jahren weltweit nahezu ausgerottet, inzwischen auf jordanischem Boden wieder zu Tausenden tummelt, ist ihm dabei Ansporn. Auch hält Amer gern Vorträge in Schulen, diskutiert mit örtlichen Bauern über deren Alltagsprobleme, hilft mittels Kampagnen die Ausflügler zu sensibilisieren. Oder führt Touristen und Medienleute durch sein kleines Paradies.

Sein Engagement trägt Früchte. Die Einstellung, versichert Amer, auch der wenig gebildeten bäuerlichen Bevölkerung gegenüber dem Naturschutzprojekt in ihrer Nachbarschaft beginnt sich allmählich »zum Positiven« zu ändern. Sagt's, und erhebt lächeind das Teeglas, um mit mir darauf zu trinken.

Amer Jamhour besuchen:

Dibeen Forest Reserve 📱 E4
Nähere Auskünfte zum Reservat erhält man direkt vor Ort oder über die RSCN-Zentrale > S. 31, 60.
• Wild Jordan Café | Amman
Tel. 074/454 73 19
www.rscn.org.jo

Amer Jamhour empfiehlt:

Dibeen Resthouse €
Quartier für umweltbewusste Besucher direkt im Reservat mit 8 schlichten Zimmern und 19 Bungalows. Über RSCN > oben.

Dibeen Eco Farm House €
Von einer Familie sehr nett und ökobewusst geführte Unterkunft im Tal.
• Jerash | Tel. 079/53 55 55
www.facebook.com/DibeenFarmHouse

SPORT & AKTIVITÄTEN

Jordaniens vielfältige Landschaft hält auch ein äußerst abwechslungsreiches Outdoorprogramm parat, sei es auf Schusters Rappen, Drahtesel, Pferderücken oder Kamelhöcker, im Roten oder Toten Meer.

WANDERN

Wanderern bietet Jordanien vielfältige Möglichkeiten. Allerdings sind Wanderrouten nur selten ausgeschildert, ebensowenig gibt es gutes Kartenmaterial. GPS-Geräte arbeiten in schmalen Wadis nicht immer zuverlässig. Wanderungen mit lokalen Guides haben den Vorzug, dass sie in der Regel Informationen über Flora und Fauna sowie über Alltag und Traditionen des Landes bieten; einige Wanderungen sind nur mit Führer möglich.

Die besten Gegenden für Wanderungen und Treks sind die Naturreservate von Ajlun, Dana und Wadi Mujib, das südliche Bergland um Petra und das Wadi Rum.

Royal Society for the Conservation of Nature (RSCN)
Organisiert ein- und mehrtägige Touren in den Nature Reserves. › S. 60, 62
• Amman | Tel. 06/533 79 31 od. 32
www.rscn.org.jo

Terhaal Adventures
Diverse Touren, u.a. Wadi Mujib, Mukheiris, Ibn Hammad, Petra, auch Trekking (1 Wo.).
• Amman | Tel. 06/4641959
www.terhaal.com

Petra Moon Tourism Services
Trekkingspezialist mit mehrtägigen Programmen, auch Pferdetrekking.

• Petra | Tel. 079/617 06 66
www.petramoon.com

Nomad – Reisen zu den Menschen
Anbieter außergewöhnlicher Trekkingreisen, auch für Individualreisende.
• D-54568 Gerolstein
Tel. +49/65 91/94 99 80
www.nomad-reisen.de

FAHRRADFAHREN

Mountainbike- und andere Fahrradtouren in Jordanien werden immer beliebter, an einigen Orten (Feinan) gibt es sogar Leihfahrräder. Gerade die Straße der Könige bietet sich für eine Fahrradreise an, denn hier liegen die Übernachtungsmöglichkeiten so dicht beieinander, dass man keine Zeltausrüstung mitschleppen muss. Wegen der oft starken Nordwinde empfiehlt sich generell die Fahrt von Nord nach Süd. Gefahren drohen auf stark frequentierten Straßen, in den größeren (und unübersichtlichen) Städten und nicht zuletzt durch Steine werfende Kinder.

Einige Agenturen in Petra und Amman wie Cycling Jordan, Jordan Explorers, La Beduina oder Terhaal › mehr S. 13 Punkt **9** bieten geführte Mountainbike-Touren an. Ansonsten können bei Anbietern oder z. B. in der Feinan Ecologde › S. 114 auch Mountainbikes ausgeliehen werden.

Cycling Jordan
- Amman | Tel. 078/555 25 25
  www.cycling.jordan.com

La Beduina Tours
- Amman | Tel. 06/554 16 31 od. 32
  www.labeduinatours.com

Jordan Explorers
- Amman | Tel. 06/552 72 30
  www.jordanexplorers.com

KAMELTREKKING

Wie Lawrence von Arabien auf dem Kamel durch die Wüstenwelt des Wadi Rum zu reiten ist ein unvergessliches Erlebnis. Besonders stimmungsvoll sind Ausritte bei Vollmond. Es macht einen himmelweiten Unterschied, ob Sie ein Kamel selbst reiten und zügeln oder ob vorneweg ein Beduine das Kamel führt. Denn wenn Sie es selbst lenken, kann das Kamel gleichmäßig ausschreiten, sodass Sie nicht nur schneller vorankommen, sondern auch viel entspannter und ruhiger. Da der Holzsattel *shadad* mit Decken gepolstert werden kann und einen guten Halt bietet, kann man gerade im Wadi Rum das Reiten auf Kamelen sehr gut lernen. Auch Anfänger sind willkommen.

Mehrtägige Kameltreks sollte man unbedingt vom Heimatland aus im voraus buchen. Spezialisierte Beduinen bzw. Anbieter sind neben Nomad Reisen › S. 31 oder Badia Tours & Stables › rechts folgende:

Attayak Ali
- Tel. 079/589 97 23
  www.bedouinroads.com

Atallah Dakhilala
- Tel. 077/724 78 99
  www.wadirumjordanguide.com

Mzied Atieg
- Tel. 077/730 45 01 | www.mzied.com

Schulz Aktiv Reisen
- D-01099 Dresden | Tel. +49/351/26 62 55
  www.schulzaktivreisen.de

REITEN

Reiter kommen im Wadi Rum auf ihre Kosten. Begleitfahrzeuge transportieren Gepäck, Wasser und Pferdefutter. Spezialist für Pferde- und Kameltrekking und auch Wandertouren ist der Veranstalter Badia Tours. Der Betrieb liegt innerhalb des Schutzgebietes des Wadi Rum und in den Händen von Awad Mohammed Al Zalabieh, einem äußerst wüstenerfahrenen Beduinen. Neben fünf- bis sechstägigen sowie maßgeschneiderten Touren gibt es auch Ausritte für Anfänger.

Touren hoch zu Ross zu den Originalschauplätzen des Monumentalfilms »Lawrence of Arabia« im Wadi Rum offeriert der Schweizer Spezialanbieter Pegasus.

Jordan Tracks
- Wadi Rum Village
  Tel. 079/648 28 01
  www.jordantracks.com

Pegasus Reiterreisen
- Herrenweg 60 | CH-4123 Allschwil
  Tel. +41/61/303 31 03 oder
  0800/505 18 01 (kostenfrei aus D).
  0800/07 00 97 (kostenfrei aus A, CH)
  www.reiterreisen.com

Das Wadi Rum ist ein herausragendes Kletterrevier

KLETTERN

Ihren Ruf als spannendes Kletterrevier verdanken die griffigen Sandsteinfelsen des Wadi Rum v. a. dem britischen Bergsteiger und Buchautor Tony Howard › unten. Es gibt verschiedene Routen mit unterschiedlichen Schwierigkeitsgraden. Als Tagestour für Eilige empfiehlt sich die Besteigung der Sieben Säulen der Weisheit am Visitor Centre.

Einige Beduinen mit umfangreicher Ausbildung organisieren ein- bis mehrtägige Klettertouren Auch diese Touren sollte man unbedingt von Europa aus vorbuchen. Der Preis für eine ein- oder zweitägige Tour bewegt sich um die 150 JD. Die bekanntesten und besten Guides vor Ort sind:

Sabbah Eid
• Tel. 077/789 12 43 oder 03/201 62 38
www.sabbaheidwadirum.com

Mohamad Hamad
• Tel. 077/266 03 19
www.wadirumbedouincamp.com

Wadi Rum Mountain Guides
• Tel. 079/589 97 23
www.bedouinroads.com

Rafiq Suliman
• Tel. 079/551 04 32 | rafiq@captain-jo.com

BUCHTIPP:

Tony Howard »Jordan – Walks, Treks, Caves, Climbs and Canyons« (Cicerone Press, 2008) und »Treks and Climbs in Wadi Rum« (Cicerone Press, 2010) sind Standardwerke zum Klettern und Wandern in Jordanien, erhältlich u. a. über www.cicerone.co.uk und in Jordanien.

CANYONING

Erste Adresse für die junge Erlebnissportart Canyoning ist das ganzjährig Wasser führende Wadi Mujib

› S. 107 auf halber Höhe des Toten Meeres. Hier bietet die RSCN anspruchsvolle Canyoningtouren an. Die Ausrüstung wird auf Wunsch gestellt. Sechs Strecken unterschiedlicher Schwierigkeitsgrade stehen zur Auswahl, schwierige Passagen sind durch Seile gesichert. Wegen großer Nachfrage empfiehlt sich eine frühzeitige Buchung.

VOGELBEOBACHTUNG

Jordaniens Lage zwischen Nordafrika und Kleinasien macht das Land zur Zwischenstation für Millionen von Zugvögeln. Im Wadi Dana › S. 112, das auch mehr als 200 Vogelarten beheimatet, organisiert die jordanische Naturschutzorganisation RSCN › S. 60 auch mehrtägige Vogelbeobachtungstouren.

WASSERSPORT

Aqabah, Jordaniens einzige Küstenstadt, gilt weltweit als attraktive Tauchdestination › Seitenblick S. 137. Schnorchelplätze erreicht man am besten auf einem Tagestrip mit dem Glasbodenschiff. Am Royal Diving Club kann man außerdem windsurfen.

WELLNESS UND HEILQUELLEN

Aus vielen Quellen – etwa bei Hammamet Ma'in – sprudelt heißes, mineralhaltiges Wasser ins Tote Meer. Dessen Schlamm enthält hautfreundliche Stoffe, und dem warmen, sehr salzhaltigen Wasser schreibt man therapeutische Wirkung etwa bei Kreislaufproblemen zu. Diese natürliche Heilkraft in Verbindung mit dem trockenen, reizarmen Klima machte die Gegend bereits vor 2000 Jahren zu einem berühmten Kurort. Die Hotels am Toten Meer › S. 98 und das Evason Spa › S. 107 in Hammamat Ma'in bieten umfassende Kur- und Wellnessprogramme auch für Tagesgäste.

UNTERKUNFT

Jordanien Hotels sind, zumindest ab der Mittelklasse und in den touristischen Zentren, sauber und komfortabel, in den luxuriösen Kategorien gar auf absolut internationalem Topniveau.

HOTELS

In Amman, Petra und Aqabah entsprechen die hochpreisigen Hotels europäischen Standards. Qualitätsabstriche gibt es meistens bei den Unterkünften der Mittelklasse und günstigen Herbergen. Inzwischen haben sich allerdings in Städten wie Irbid und Madaba auch kleinere und sehr saubere Hotels mit gutem Preis-Leistungs-Verhältnis angesiedelt. Zudem hat die RSCN bereits in den 1990er-Jahren um die Naturreservate von Ajlun, Azraq, Mujib und Dana teilweise zwar einfache, aber aatmosphärisch ansprechende Ecolodges eingerichtet.

Seit einiger Zeit orientieren sich jordanische Hotelarchitekten vermehrt an traditionellen Bauten. So wurde für das Hyatt Zaman nahe Petra eine Siedlung aus dem 19. Jh. als Hoteldorf restauriert, inklusive Hamam, Handwerkszentrum und Museum. Ähnlich gelungen knüpft das Hotel Mövenpick am Toten Meer an die Tradionen an.

In Amman ein Hotelzimmer zu bekommen ist während des gesamten Jahres kein Problem. In Aqabah dagegen empfiehlt es sich vor allem im Winter, eine Reservierung vorab. Hotels in Wadi Musa (Petra) sollten generell vorgebucht werden. Es ist auch günstiger, im Heimatland ein Hotelarrangement zu buchen.

Die Zimmerpreise entsprechen europäischem Standard. Hotels der Luxuskategorie berechnen einen Servicezuschlag von 10 % plus Steuer. In der Regel gilt: Je kleiner das Hotel, desto flexibler die Preise, nachfragen lohnt sich.

HOSTELS UND CAMPING

Hostels gibt es in Amman, Aqabah und Wadi Musa (Petra). Im Wadi Rum und bei Petra kann man in Camps schlafen, d. h. in traditionellen mit Betten ausgestatteten Beduinenzelten. Sanitäranlagen werden gemeinschaftlich genutzt.

Bei eriner Campingtour in die Wüste gehören Schlafsack, Isomatte und Taschenlampe zur Grundausstattung. Bitte achten Sie darauf, keinen Müll zu hinterlassen, Ihr Toilettenpapier stets zu verbrennen (nicht vergraben) und sorgsam mit Feuerholz umzugehen.

TYPISCHE UNTERKÜNFTE

- An klaren Tagen genießt man von der Terrasse eines schlichten Holzbungalows der **Ajlun Forest Lodge** den Blick bis zum Libanongebirge. > S. 77
- Luxus mit lokalem Flair: Das **Mövenpick Dead Sea** ist wie ein traditionelles jordanisches Dorf um einen hübschen Platz herum angelegt. > S. 99
- Zu Gast bei Mönchen: Im **Pilgrim House** in Madaba warten asketisch eingerichtete gepflegte Zimmer, manche mit Blick auf die St.-Georgs-Kirche. > S. 104
- Edel und schlicht ist das **Ma'in Evason Spa,** mit ausgefeilten Wellnessangeboten direkt unterhalb der heißen Quellen von Hammamat Ma'in. > S. 107
- Romantisch und ökologisch: Die **Feinan Ecolodge** der RSCN bietet die Stille der Wüste für einen entspannten Schlaf. > S. 114
- Leben wie anno dazumal, ohne auf Luxus zu verzichten: Für das **Hyatt Zaman** bei Petra wurde ein altes Dorf komplett entkernt und renoviert. > S. 127
- Wohnen bei Beduinen: Im **Ammarin Camp** bei Petra schläft man im traditionellen Ziegenhaarzelt Buyut Sha'ar und wird von den Frauen der Ammarin verköstigt. > S. 128
- Schlafen unterm Sternenhimmel: Übernachtung in einem **Beduinencamp** im Wadi Rum. > S. 142

Stilles Gebet in einer Moschee
in Amman

LAND & LEUTE

STECKBRIEF

- **Fläche:** 89 342 km²
- **Einwohner:** 6,5 Mio.
- **Hauptstadt:** Amman, 2,3 Mio. Einwohner
- **Amtsprache:** Arabisch
- **Bevölkerungsdichte:** 88 Einw./km²
- **Bevölkerungswachstum:** 3,9 % pro Jahr
- **Stadtbevölkerung:** 82 %
- **Bevölkerung:** 70 % Jordanier, 13,3 % Syrer, 7 % Palästinenser, 6 % Ägypter, 4 % Iraker, Armenier, Tscherkessen u. a. Mindestens die Hälfte der Bevölkerung ist palästinensischer Abstammung
- **Staatsform:** Konstitutionelle Monarchie
- **Staatsoberhaupt:** König Abdullah II. Ibn Al-Hussein (seit 1999)
- **Wirtschaft:** BIP 43 Mrd. JD; Pro-Kopf-Jahreseinkommen 5800 US-$ **Arbeits-**

losenrate: über 30 % (inoffiziell), 18 % (offiziell)
- **Landesvorwahl:** 00 962
- **Währung:** Jordanischer Dinar (JOD, JD)
- **Zeitzone:** MEZ + 1 Std. (April bis Sept. + 2 Std)

LAGE UND LANDSCHAFT

Seine geschichtliche und kulturelle Bedeutung verdankt Jordanien seiner Lage am Schnittpunkt zweier geografischer Großräume: der mediterranen Gebirgszone im Westen und dem flachen, ariden Wüstenraum im Osten. Auch kulturell ist das Land seit jeher zweigeteilt: Den fruchtbaren Westen prägen Siedlungen und Städte, der Osten war lange Nomadenland.

Durch das westliche Hügelland schneidet der Jordangraben, heute zugleich die Westgrenze Jordaniens. Das Tal ist Teil jener großen tektonischen Bruchlinie, die sich von hier bis nach Ostafrika erstreckt. Der Jordan mündet im Toten Meer – mit 392 m unter Meeresniveau tiefster Punkt der Erde. Südlich dieses Salzsees (Salzgehalt über 30 %) setzt sich der Jordangraben im trockenen Wadi Arabah fort und erreicht bei Aqabah das Rote Meer mit seinen berühmten Korallenriffen.

Von Nord nach Süd misst Jordanien rund 380 km, von Ost nach West rund 400 km. Nachbarn sind im Norden Syrien, im Nordosten der Irak, im Osten und Süden Saudi-Arabien, im Westen Israel und das seit 1967 israelisch besetzte Westjordanland.

POLITIK UND VERWALTUNG

Das Haschemitische Königreich Jordanien (arab.: *al-Mamlaka al-*

Urduniyya al-Hashmiyya) ist eine konstitutionelle Monarchie.

Die Dynastie der Haschemiten führt sich auf Hashim zurück, den Urgroßvater Mohammeds, und stellte traditionell die sharifischen Emire von Mekka. Hussein, seit 1907 Sharif von Mekka, erklärte sich 1917 zum König von Arabien, herrschte aber nur im Küstengebiet des Hijaz. Im Jahr 1921 wurde sein Sohn Feisal König von Irak, sein Sohn Abdullah Emir von Transjordanien. Während die Haschemiten im Irak bereits 1958 gestürzt wurden, sind sie in Jordanien bis heute an der Macht. Staatsoberhaupt ist seit 1999 König Abdullah II. Er ernennt Regierung und Ministerpräsidenten, die 40 Mitglieder des Oberhauses sowie die Richter. Das Unterhaus wird von allen Bürgern über 18 Jahren gewählt. Frauen besitzen das aktive und passive Wahlrecht.

Jordaniens politische Stabilität ist ein Erbe von König Hussein I., der über 40 Jahre lang regierte. Seine Frau, eine Amerikanerin, die als Hussein al Nur (Husseins Licht) schnell beliebt wurde, drängte ihn dazu, kurz vor seinem Tod 1999 anstelle seines Bruders Hassan seinen ältesten Sohn Abdullah zum König zu bestimmen.

König Abdullah II., der mit der Palästinenserin Rania al-Yasin verheiratet ist, hat sich aufgrund einer überlegten Außenpolitik, seiner moderaten Reformen und seines strikten Vorgehens gegen Korruption als würdiger Nachfolger seines Vaters erwiesen.

WIRTSCHAFT

Obwohl nur 4 % des Landes landwirtschaftlich nutzbar sind, bildet der Obst- und Gemüseanbau auch heute noch eine wichtige Einkommensquelle im ländlichen Raum.

Die wichtigsten Bodenschätze sind Phosphate aus der Wüste als Rohstoff v. a. zur Düngemittelherstellung sowie Kali aus dem Toten Meer. Wichtige Unternehmen sind eine Düngemittelfabrik in Aqabah, die Erdölraffinerie in Zarqa sowie Betriebe zur Herstellung von Zement, Textilien und Getränken. Wichtigste Herausforderung für die Zukunft wird der gravierende Wassermangel sein. Bedeutung als Wirtschaftsfaktor und Devisenbringer hat auch der Tourismus, der aber starken Schwankungen, abhängig von politischen Entwicklungen in der Region, unterworfen ist.

Der Außenhandel ist stark defizitär. Exportgüter sind Chemikalien, Phosphate, Pottasche sowie Obst und Gemüse, importiert werden neben Industriegütern vor allem Maschinen, Fahrzeuge, Brennstoffe und Nahrungsmittel.

Im Zuge des libanesischen Bürgerkriegs hat Amman die Position Beiruts als Handels- und Finanzzentrum des Nahen Ostens übernommen und während des Irakkrieges ausgebaut. Die globale Finanzkrise hat die Exporte dramatisch schrumpfen lassen. Eine große zusätzliche sozioökonomische Belastung stellen die seit Ausbruch des Bürgerkriegs in Syrien mindestens 1,4 Mio. in Jordanien lebenden Flüchtlinge dar.

GESCHICHTE IM ÜBERBLICK

Um 9000 v. Chr. Erste Siedlungen in Jericho und Beidha.

3. und 2. Jt. v. Chr. Semitische Stämme, darunter die Edomiter, Moabiter und Ammoniter wandern, aus Mesopotamien kommend, in das Gebiet des späteren Palästina, Jordanien und Syrien, ein.

1480 v. Chr. Nach der Schlacht bei Megiddo fallen Palästina und das Jordanland an Ägypten.

Um 950 v. Chr. Davids Sohn Salomo errichtet in Jerusalem den ersten Tempel.

539 v. Chr. Kyros II. macht Palästina zur persischen Provinz.

4./5. Jh. v. Chr. Die Nabatäer, ein Beduinenstamm aus dem Nordwesten der Arabischen Halbinsel, lassen sich im Gebiet der Edomiter nieder und gründen Petra.

332–ca. 200 v. Chr. Alexander der Große marschiert in Palästina ein. Auf ihn folgen die auf jordanischem Gebiet miteinander konkurrierenden Diadochenreiche der Ptolemäer und Seleukiden; Hellenisierung des Landes.

167 v. Chr. Von den Römern unterstützt, erheben sich die Juden gegen die Seleukiden.

64/63 v. Chr. Pompeius erobert Damaskus und Palästina, das er in Judäa umbenennt. Die sog. Dekapolis umfasst zehn Städte, u. a. Philadelphia (Amman), Gerasa (Jerash), Gadara (Umm Qays), Pella und Dion (Irbid).

106 n. Chr. Die Nabatäer unterwerfen sich freiwillig Rom; ihr Gebiet wird der Provincia Arabia zugeschlagen.

4. Jh. Nach der Teilung des Römischen Reichs gehört Palästina zu Ostrom.

622 Mohammeds Wanderung von Mekka nach Medina markiert den Beginn der islamischen Zeitrechnung.

629 Muslimische Truppen erobern Jerusalem, Ägypten, Syrien.

661–750 Kalifat der Ummaijaden mit Damaskus als Hauptstadt. Die Wüstenschlösser entstehen.

750 Die Abbasiden lösen die Ummaijaden ab und verlegen den Regierungssitz nach Bagdad.

980 Fatimiden erobern Palästina.

1071 Die turkstämmigen Seldschuken erobern das Jordanland.

1099 Während des Ersten Kreuzzugs nehmen die Franken Jerusalem ein; die Kreuzfahrer bauen Burgen, u. a. Kerak und Shawbak.

1187 Saladin fügt den Christen bei Hattin eine entscheidende Niederlage zu und erobert wenig später Jerusalem.

1291 Die Franken werden aus der Levante vertrieben. Neue Herrscher sind bereits seit 1250 die Mamelucken.

1516 Nach der Eroberung von Konstantinopel 1453 verleiben die Türken ihrem Reich Syrien und Palästina ein.

Um 1900 Nach dem ersten Zionistenkongress in Basel (1897) beginnen Juden nach Palästina einzuwandern.

1914–1918 Im Ersten Weltkrieg ist das Osmanische Reich mit Deutschland verbündet. Die Araber erheben sich unter Führung Scheich Husseins von Mekka und mit Unterstützung Großbritanniens gegen die Türken. Ihr Ziel ist die Loslösung vom osmanischen Reich und Bildung eines gesamtarabischen Staates. Im Sykes-Picot-Abkommen (1916) teilen Franzosen und Briten den Nahen Osten allerdings in eigene Interessensphären auf. Kurz danach verspricht London in der Balfour-Deklaration den Juden die Errichtung einer »nationalen Heimstatt« in Palästina. Die zuvor den Arabern gemachten Zusagen widersprechen dem, der Grundstein des heutigen Israel-Palästina-Konfliktes ist gelegt.

1920 Zwei Jahre nach Zusammenbruch des Osmanischen Reichs erhält Großbritannien vom Völkerbund das Mandat über Palästina und das Ostjordanland. Syrien wird französisches Mandat.

1921 Die Briten setzen Abdullah, den zweiten Sohn des Scherifen Hussein von Mekka, als Herrscher über Transjordanien ein.

25. Mai 1946 Das bisherige britische Mandat Transjordanien wird unabhängige Monarchie.

1948 Nach Rückzug der Briten und der Unabhängigkeitserklärung Israels kommt es zum ersten Nahostkrieg, arabische Truppen besetzen die Westbank mit Ostjerusalem.

1950 Transjordanien wird mit der Westbank und der Altstadt Jerusalems zum »Haschemitischen Königreich Jordanien« vereinigt.

1953 Nach der Ermordung König Abdullahs 1951 und der Abdankung König Talals wird Abdullahs Enkel Hussein gekrönt.

1956 Zweiter Nahostkrieg: Israel marschiert in den Sinai ein.

1967 Israel besetzt im Sechstagekrieg die Westbank und Ostjerusalem.

1970 Im »Schwarzen September« zerschlägt die königliche Armee bewaffnete Einheiten der PLO in den Flüchtlingslagern.

1973 Im Jom-Kippur-Krieg unterstützt Jordanien Syrien militärisch am Golan gegen Israel.

1974 König Hussein erkennt die PLO als alleinige Vertretung der Palästinenser an.

1984 Das Parlament wird, zehn Jahre nach seiner Suspendierung, wieder eingesetzt und das Frauenwahlrecht eingeführt.

1988 Ausbruch der »Intifada« – ein Aufstand der Palästinenser in der Westbank und in Gaza. König

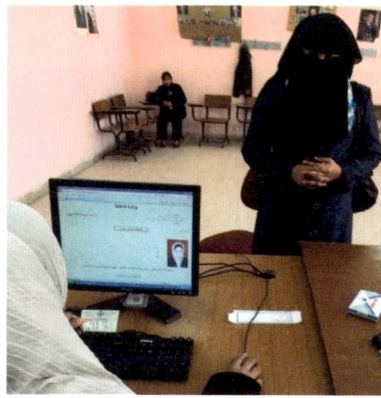

Ausweiskontrolle vor der Stimmabgabe in einem Wahllokal in Amman

Hussein verzichtet auf das Westjordanland und Jerusalem.

1991 Im Golfkrieg sympathisiert
Jordanien wie schon beim Irak-
Iran-Krieg mit Bagdad.

1994 Im Mai unterzeichnen Israel
und die PLO das Gaza-Jericho-Ab-
kommen, im Juli beenden Jordani-
en und Israel den seit 1948 währen-
den Kriegszustand.

1995 Autonomieabkommen für
das Westjordanland in Washington.
Friedensvertrag zwischen Jordani-
en und Israel.

1999 König Hussein I. stirbt am
7. Febr., sein ältester Sohn wird
König Abdullah II.

2005 Nach dem Tod Yasser
Arafats und dem Verebben der

2. Intifada entsendet Amman wieder einen Botschafter nach Israel.

2007 Einrichtung einer Frauen-
quote von 20 % in den kommuna-
len Parlamenten.

2008 Ca. 500 000 irakische
Flüchtlinge verschärfen die Woh-
nungsnot in Jordaniens Städten
und tragen zu einem enormen Anstieg der Lebenshaltungskosten bei.

2009 Papst Benedikt XVI. besucht im Rahmen seiner Nahostreise auch Jordanien; Stationen sind
u. a. Amman, die Taufstätte Jesu
und der Berg Nebo.

2019 Der syrische Bürgerkrieg be-
lastet auch durch die Flüchtlinge
(ca. 1,4 Mio. Syrer) Jordaniens
Wirtschaft und Gesellschaft.

NATUR & UMWELT

**Jordaniens Flora und Fauna wird durch die Geografie mit ausgedehnten
Wüsten bestimmt, aber auch durch massive menschliche Eingriffe.**

Die regenreicheren Gebiete des Landes waren noch vor drei Generationen
teils dicht bewaldet. Rigorose Abholzung und Überweidung haben jedoch
beiderseits des Jordan nur noch geringe Bestände an Steineichen, Eukalyp-
tus-, Akazien-, Maulbeer- und Olivenbäumen übrig gelassen. Die Wüsten
und Steppen des Ostens weisen eine sehr spärliche Flora aus kargen Dorn-
sträuchern und wermutähnlichen Gewächsen auf. Nach den Frühjahrs-
regen sprießt dort für kurze Zeit eine überraschend bunte Pflanzenwelt.

Die Fauna Jordaniens ist recht spärlich. In der Wüste leben Kamele, Wüs-
tenfüchse und Schakale. Gazellen und Antilopen, darunter die langhörni-
gen Oryx, sind bis auf die Restbestände im Reservat von Shawmari › S. 91
ausgerottet. Löwe, Bär und Leopard sind ebenfalls verschwunden. Im Naturschutzgebiet Dana › S. 112 haben allerdings eine Reihe von Säugetieren
wie Ibex (Steinbock), Berggazelle, Sandkatze, Fuchs und Wolf eine sichere
Zuflucht gefunden.

Entlang der Flüsse Jordan und Yarmuk ist eine artenreiche Vogelwelt heimisch, Zugvögel schätzen auch die Oase Azraq › S. 90 als Rastplatz.

DIE MENSCHEN

Jordaniens Bevölkerung zeichnet sich durch eine ethnische Vielfalt und einen relativ großen Anteil mit Migrationshintergrund aus.

Die Bevölkerung Jordaniens wird auf rund 10 Mio. geschätzt. Etwa 2 Mio. davon sind bei der UN als Flüchtlinge deklariert, inoffizielle Schätzungen sprechen von 3,5 Mio. Hinzu kommen weit über 1 Mio. irakische und syrische Flüchtlinge. Angesichts eines mutmaßlichen Palästinenseranteils von über 60 % gesteht Jordanien den Palästinensern als einziges arabisches Land volle Staatsbürgerrechte zu. Bedingt durch die Kriege 1948 (Gründung des Staates Israel) und 1967 (»Sechstagekrieg« mit israelischer Besetzung der Westbank) erreichten die palästinensischen Flüchtlinge Jordanien in zwei großen Wellen. Während die 1948er-Generation heute als gut integriert gilt, leben viele Familien der zweiten Welle nach wie vor in Flüchtlingscamps und fordern die Rückkehr in ihr Heimatland. Die latenten Differenzen zwischen zugewanderten und gebürtigen Jordaniern treten bei politischen Krisen regelmäßig zutage.

Größte ethnische Minderheit sind die rund 40 000 Tscherkessen, die im 19. Jh. aus dem Kaukasus immigrierten. Daneben existieren Gruppen von Armeniern, Kurden und Türken. Die ursprünglich überwiegend beduinische Gesellschaft ist weitgehend urbanisiert. Ein enorm hohes Bevölkerungswachstum von fast 4 % und der Arbeitsplatzmangel auf dem Land verstärken die Landflucht. Etwa 80 % der Jordanier leben in Städten, davon über 3 Mio. im Großraum Amman. Nur etwa 40 000 Jordanier leben noch als Nomaden, jedoch besitzen die Beduinenstämme bis heute großen gesellschaftlichen Einfluss und gelten als wichtige Stützen der Monarchie.

RELIGION

95 % der jordanischen Bevölkerung sind sunnitische Muslime, eine kleine Minderheit bilden die muslimischen Glaubensrichtungen der Schiiten und Drusen. Die weniger als 5 % meist griechisch-orthodoxen Christen leben in der Gegend von Madaba.

Der Islam (»Ergebung in den Willen Gottes«) wurde zwischen 610 und 632 von Mohammed in Mekka und Medina gestiftet und ist die jüngste der monotheistischen Weltreligionen mit weit über 1 Mrd. Anhängern. Er gründet sich auf die Lehren des Koran, das Vorbild (arab.: *sunna*) des Propheten und die heilige Überlieferung (arab.: *hadith*). Dazu kommen Entscheidungen der obersten Theologen, die in das religiöse Recht, die *sharia,* Eingang gefunden haben. Der Islam schreibt das Bekenntnis zur Einheit Gottes *(allah)* und das täglich fünfmalige Gebet vor. Die Gläubigen sollen Almosen geben, während des Fastenmonats Ramadan tagsüber nichts zu sich nehmen und wenigstens einmal im Leben die Wallfahrt *(hadj)* zur Ka'aba nach Mekka unternehmen. Diese fünf Grundregeln gelten als die »Fünf Säulen des Islam«. Anders als im Christentum gibt es weder Priesterweihe noch Sakramente. Alkohol und Schweinefleisch sind tabu.

Obwohl Muslime überall beten können, ist es doch verdienstvoller, dies in einer Moschee zu tun. Moschee (arab.: *masdjid)* bedeutet »Ort, an dem man zum Gebet niederfällt«. Der mit Matten oder Teppichen ausgelegte Innenraum ist aufgrund des islamischen Bilderverbots sehr schlicht. Ungläubigen ist in Jordanien der Zutritt zu den Gotteshäusern grundsätzlich erlaubt, vor dem Betreten sind die Schuhe auszuziehen. › mehr S. 19 Punkt **49**

KUNST & KULTUR

Seit jeher befindet sich Jordanien kulturell wie politisch im Spannungsfeld zwischen dem mediterranen Raum und der Arabischen Halbinsel, zwischen Mesopotamien und Ägypten.

Die vielfältigen Einflüsse haben ein reiches kulturelles Erbe hinterlassen, angefangen bei Ammonitern, Israeliten und Nabatäern über Babylonier, Römer und Byzantiner bis hin zu Arabern, Kreuzrittern und Osmanen.

1982 traten bei Ausgrabungen in einem Vorort Ammans Überreste von Hausmauern des 8. Jts. v. Chr. zutage. Weitere Funde wiesen die Siedlung als wichtige Handelsstation der Bronzezeit mit Beziehungen nach Griechenland, Mesopotamien, Syrien und Zypern aus. Um 1200 v. Chr. wurde Rabath Ammon, das heutige Amman, zur Hauptstadt der Ammoniter und stand in engem Kontakt zu Jerusalem.

Im 4. Jh. v. Chr. begann sich der hellenistische Einfluss auf das jordanische Gebiet auszuwirken.

STÄDTEBAU

In Petra › S. 115 verbanden nabatäische Architekten griechische, assyrische und babylonische Stilelemente zu einer weltweit einzigartigen Stadtanlage.

Das ammonitische Rabath Ammon erhielt unter Ptolemäus II. Philadelphus sein bis heute erkennbares hellenistisches Gepräge sowie den Namen Philadelphia. Die römische Vorherrschaft brachte für die Handelsstädte östlich des Jordan eine Blütezeit mit sich. Philadelphia (Amman) wurde im klassisch-römischen Stil ausgebaut und erweitert.

In Petra führte die Präsenz Roms zu einem fast barocken Stilgemisch. Die am besten erhaltene Stadt jener Zeit ist Jerash, das antike Gerasa › S. 73. Im 1. Jh. v. Chr. ersetzten römische Stadtplaner den nabatäischen Ortskern durch eine Anlage mit Forum, Jupitertempel, Kolonnadenstraße, Bädern, Theatern, Toren und Triumphbögen.

KIRCHENBAU

Nach Anerkennung des Christentums durch Konstantin (313 n. Chr.) setzte in der Region ein wahrer Kirchenbauboom ein. In der Folge entstand der byzantinische Basilika-Baustil, der sich durch hochwertige Mosaike auszeichnete. In Jordanien existieren noch viele Kirchen aus dieser Zeit. Die berühmtesten Mosaike sind in Madaba › S. 103 zu sehen, darunter eine Landkarte von Palästina und Jordanien (um 560 n. Chr.).

Madaba ist für seine Mosaizisten bekannt

EINZUG DES ISLAM

Nach der Schlacht am Yarmuk (636 n. Chr.) wurde Palästina islamischer Herrschaftsbereich. Die ummaijadischen Kalifen ließen 20 Wüstenschlösser auf dem Gebiet Jordaniens, Israels und Syriens errichten › S. 86. Bei Aqabah entstand im 7. und 8. Jh. n. Chr. die frühislamische Stadt Aylah.

Durch die Verlagerung des Kalifats nach Bagdad (750 n. Chr.) und die Kreuzzüge (ab 1096 n. Chr.) sind aus dieser Blütezeit islamischer Kultur in Jordanien kaum Zeugnisse erhalten. In den folgenden Jahrhunderten beschränkten sich die baulichen Aktivitäten vornehmlich auf die Errichtung von Festungsanlagen und den Ausbau Jerusalems durch die Christen. Beispiele der fränkischen Burgenarchitektur in Jordanien sind der Crac de Moab in Kerak und Mons Realis bei Shawbak.

OSMANISCHE EROBERUNG

Nach der Vertreibung der Kreuzritter und den Eroberungszügen der Osmanen verloren die wenigen städtischen Zentren weiter an Bedeutung. Aqabah erhielt im 14. Jh. eine Burg zum Schutz der Mekkapilger aus Ägypten. Die wichtigsten architektonischen Maßnahmen konzentrierten sich auf Jerusalem, wo Suleiman der Prächtige den Felsendom mit türkischen und persischen Fayencen auskleiden ließ.

FESTE & VERANSTALTUNGEN

Neben den großen religiösen Festen gibt es in Jordanien im Sommer diverse Kulturevents v. a. in Amman, Höhepunkt ist das Jordan Festival.

RELIGIÖSE FEIERTAGE

Jordanien ist ein muslimisches Land, das andere Religionsgemeinschaften respektiert. Dennoch orientieren sich die meisten religiösen Feiertage am islamischen Mondkalender (dieser verschiebt sich gegenüber dem gregorianischen Kalender jeden Tag um einige Tage), darunter das Große Opferfest am Ende des Pilgermonats, *ihd al-adha* (12. Aug. 2019, 31. Juli 2020, 19. Juli 2021), der Geburtstag des Propheten, *maulid an-nabi* (10. Nov. 2019, 29. Okt. 2020, 19. Okt. 2021), das islamische Neujahr, *muharram* (1. Sept. 2019, 20. Aug. 2020, 10. Aug. 2021) und das Fest des Fastenbrechens, *ihd al-fitr* (5. Juni 2019, 24. Mai 2020, 13. Mai 2021).

Während des Fastenmonats *ramadân* ist den Gläubigen zwischen Sonnenauf- und -untergang Essen, Trinken und Rauchen untersagt (außer Kindern, Kranken und schwangeren bzw. stillenden Frauen). Der Alltag verläuft gemächlicher als sonst. Erst in den Abendstunden füllen sich die Shopping Malls und Suqs, Restaurants sind bis tief in die Nacht geöffnet, und es herrscht Feiertagsstimmung. Das macht den Besuch des Landes in dieser Zeit zu einem besonderen Erlebnis, zumal Touristen problemlos auch tagsüber etwas zu essen und trinken zu bekommen. Ramadan-Beginn: 5. Mai 2019, 23. April 2020, 12. April 2021.

Zum *ihd al-adha*, dem Großen Opferfest, schlachtet jede Hausgemeinschaft ein Tier und verteilt einen Teil des Fleisches unter den Bedürftigen. Überall im Land unternehmen die Familien gemeinsame Ausflüge und besuchen Freunde oder Verwandte. In den größeren Städten sind die Vergnügungsparks ein beliebtes Ziel, auf dem Land sorgen Kamel- und Pferderennen für Unterhaltung. Auch Gäste sind bei all dem gern gesehen.

VERANSTALTUNGEN UND FESTIVALS

März/April: Die moderne Theaterszene trifft sich jährlich ab dem 27. März beim **Amman International Theatre Festival**, aufgeführt wird eine kleine, aber feine Auswahl meist arabischer, aber auch freier europäischer Produktionen.

April/Mai: Dead Sea Marathon (www.dead seamarathon.com) von Amman zum tiefsten Punkt der Erde. **The Jewel that is Jordan** (www.thejewelevents.com), eine hoch-

karätig besetzte Oldtimerrallye auf wechselnden Routen durchss Land – Dekadenz und Augenweiden auf vier Rädern.

Juli/August: Jordan Festival (www.jerash festival.jo). Das etablierte **Jerash Festival** findet unter dem Schirm des Jordan Festival statt, mit Tanz- und Ballettabenden, Konzerten, Theater und Opernaufführungen an ausgewählten Plätzen im Land u. a. Jerash, Petra, Aqabah). Beim **Palm Festival**

in Ma'an erlebt man das kulturelle Erbe der Beduinen mit Poesie, Volksmusik und -tanz. Das jährliche **Amman Summer Festival** im King Hussein Park hat Volksfestcharakter und bietet neben Tanztruppen und Musik eine »Kid's zone« mit Puppentheater, Körperbemalung u. v. m.

September: Folkloremusik, Tanz, kulinarisches Erleben und Kunsthandwerk werden beim **Mosaic Festival** am ersten Septemberwochenende in Madaba geboten.
Dezember: Glanzvoller Jahresausklang beim **Internationalen Feuerwerkfestival** in der Bucht von Aqaba vom 29. bis 31. Dez.

ESSEN & TRINKEN

Essen ist in der arabischen Welt ein Ritual von großer sozialer Bedeutung. Das erklärt sich aus der nomadischen Herkunft arabischer Gesellschaften: In Wüsten und Steppen bedeuten Mahlzeiten auch einen täglichen Sieg über die lebensfeindliche Umwelt.

LEVANTINISCHE KÜCHE

Wie in Syrien und im Libanon bestimmt auch in Jordanien die reiche levantinische Küche den Speiseplan. Eine Mahlzeit beginnt mit den *mezze,* bis zu 40 verschiedenen Appetithappen, darunter *tabuleh* (gehackte Petersilie mit Tomaten, Minze und *bulghur*) und *hummus bi-l-tahina* (pürierte Kichererbsen mit Salz, Zitronensaft, Sesam- und Olivenöl). *Baba ghannush* ist ein Püree aus angebratenen Auberginen, die mit Zitrone, Knoblauch und Sesamöl zu einem Brei verrührt werden. *Malfuf* sind Kohlrouladen mit Füllung besteht aus Schaffleisch und Reis.

Auf einen Tee im Wadi Rum Village

Als Hauptgang wird meist Geflügel- oder Lammfleisch mit Reis und Gemüse serviert. In Jordanien gilt *mansaf,* das Festessen der Beduinen, als Nationalspeise: Auf Platten wird auf Fladenbrot Reis mit Mandel- und Pinienkernen aufgehäuft und darüber gekochtes Hammelfleisch samt Soße gegossen. Die Spezialität *maqlubah* ist dagegen ein Eintopf aus Gemüse, Reis und Hühnchen. Berühmt ist das hauchzarte *shrak,* ein Fladenbrot aus ungesäuertem Teig, das auf einer Art umgedrehter Schüssel über dem Feuer gebacken wird.

AUSSERGEWÖHNLICHE KÜCHE

- Libanesische Küche und besonders deren leckere Desserts genießt man im wunderschön renovierten Ambiente des Restaurant **Fakhr el-Din** in Amman. > S. 64
- Stilvoll mit Blick über das Tote Meer speist man im **Dead Sea Panorama Restaurant,** besonders reich ist die Auswahl an *mezze,* köstlich das marinierte Lammkotelett. > S. 100
- Im **Bethany Touristic Restaurant** an der Taufstätte Jesu ist der mit Koriander gewürzte Tilapia-Fisch zu empfehlen. > S. 101
- Das **Hareth Jdoudna** in einem restaurierten Gehöft in Madaba besticht mit im Holzkohlenofen gegarten Gemüsegerichten und Köstlichkeiten vom Grill. > S. 105
- Im **Kir Heres Restaurant** in Kerak kann man diverse Variationen des lokalen *halloumi*-Käses bei einem Glas lokal produzierten Weißweins probieren. > S. 110
- In der **Cave Bar** in Petra serviert man in einem alten nabatäischen Grab gute Drinks und ein original nabatäisches Menü. > S. 128

HALAWA UND KAFFEE

Halawa und *baklava* sind ein Willkommensgruß für Besucher, Leckerei zwischen den Mahlzeiten oder am späten Abend. Die sinnliche Komposition besteht aus Nüssen, Mandeln, Honig sowie Jasmin-, Rosen- oder Orangenblütenwasser. Grundsubstanz sind gemahlene Sesamsamen, die mit verschiedenen Zutaten in großen Blöcken hergestellt werden. So können unterschiedlich dicke Scheiben abgeschnitten werden. Wunderbar süß ist das arabische Nationalgebäck Baklava aus Phyllo-Teig, das in Rhomben oder Quadrate geschnitten zum Kauf angeboten wird.

Den Abschluss eines üppigen Mahls bildet eine Tasse Tee oder Kaffee. Letzteren gibt es in den Variationen »arabisch« (meist mit Kardamom versetzt), »türkisch«, »français« und »Nescafé«.

ALKOHOLISCHE GETRÄNKE

Alkohol sollten Sie ausschließlich in lizensierten Hotels und Restaurants trinken. Zwar bekommen Sie ihn auch in speziellen Läden, aber Zurückhaltung ist in jedem muslimischen Land ein Gebot des Respekts vor den Gastgebern. › mehr S. 19 Punkt ㊹ Im nördlichen Bergland, also in den eher christlich geprägten Landstrichen, wird Weißwein produziert, den man in den Restaurants in Fuheis oder Kerak kosten kann. Ein leichtes Amstel-Bier wird in Lizenz gebraut.

SHOPPING

In Jordanien findet man in den Städten und auch in kleineren Orten eine große Palette an Souvenirs, insbesondere Kunsthandwerk.

Zum Kauf von Kunsthandwerk empfehlen sich die in diesem Buch aufgeführten Geschäfte › auch Special S. 50. Diese gehen meist auf staatliche oder lokale Initiativen zurück, fördern den Erhalt alter Handwerkstechniken und garantieren den Frauen vor Ort ein Einkommen. Hier erhält man qualitativ hochwertige Produkte, die jedoch ihren (Fix-)Preis haben. Anlauftellen für mehr oder weniger qualitätsvolles Kunsthandwerk und andere Souvenirs sind natürlich die Märkte › S. 65.

Zu empfehlen für Einkäufe aller Art sind in **Amman** Downtown, Emir Mohammed Street (3rd Circle bis zum Stadtzentrum), Abu Bakr as-Siddiq Street (auch Rainbow Street, gut für Kunsthandwerk und Souvenirs), Wasfi Tell Street (Gardens Street; vom Supermarkt Safeway in Richtung Al-Waha Circle), außerdem die Einkaufszonen von Shmeisani und Sweifiyeh. Eine Reihe von Shoppingmalls, darunter die Mecca Mall › S. 66 in West-Amman, bieten besonders für Modeinteressierte gute Optionen.

In **Aqabah** eröffnen immer mehr Läden, die auch internationale Modelabels führen. Der Suq von Aqabah bietet eine Reihe netter kleiner Souvenirläden und zwei sehr gut sortierte Buchläden in der Zahran Street.

Vorsicht ist bei den Händlern in Wadi Musa geboten, die Antiquitäten und Silberschmuck anpreisen: Die »Antiquitäten« (die man ohnehin nicht ausführen dürfte) sind bestenfalls gute Imitate, der »lokale« Silberschmuck stammt meist aus Indien oder aus dem Jemen. › mehr S. 19 Punkt **46**

In den Straßen südwestlich der St.-Georgs-Kirche in **Madaba** wird neben Kosmetikprodukten aus dem Toten Meer eine große Bandbreite an Teppichen angeboten, denn die Gegend um Madabah ist das Zentrum der Teppichweberei. Beim Teppichkauf gehört das Handeln zum Kauf dazu. Zunächst sollte man sich einen Überblick über Qualitäten und Preise verschaffen, indem man eine Reihe von Händlern besucht und sich informiert. Auf dieser Basis kann man überlegen, wie viel man für das Stück seiner Wahl maximal ausgeben würde. So ist man in der »zweiten Runde« in der Lage, gezielt mit dem Händler zu verhandeln. Das Einstiegsgebot sollte bei etwa 80 % des selbst gesetzten Maximalpreises liegen. Am Ende sollten beide Parteien den Handel mit einem guten Gefühl abschließen.

TRADITION UND MODERNE

Sandflaschenkunstwerke sind populäre Souvenirs aus Petra

TRADITIONELLES KUNSTHAND-WERK IN AMMAN

Im Souterrain des quirligen **Suqs** › S. 61 zwischen Al Quraysh und Al Malek Talal Street verbergen sich wahre Fundgruben für alte Metall-waren. Hier gibt es etwa »Dallah«, die typischen Messing-Schnabel-kannen. Wenig weiter nördlich, an der King Faisal Street, liegt der Goldsuq. Die barocken arabischen Formen begeistern vor allem jorda-nische Bräute, die sich hier ihren Brautpreis aussuchen dürfen. Wei-tere gute Adressen sind **Al-Burgan** › S. 65 und **Artisana** › S. 66.

BEDUINISCHE TRADITION IM MODERNEN DESIGN

Handgearbeitete Decken, Leder-brieftaschen, bestickte Tücher und Leinentaschen bietet **Jordan River Designs,** ein vom Königshaus ge-fördertes Selbsthilfeprojekt für Kin-der, die hier traditionelles Kunst-handwerk erlernen. **Al-Aydi** › S. 65 (»die Hände«) fertigt palästinensi-sche Gobelins, kreuzstichverzierte Kleider, Beduinenteppiche, Silber-schmuck und Holzobjekte von höchster Qualität. Viele der Produk-te des Jordan Craft Centre stam-men aus Frauenkooperativen.

- Jordan River Designs 📘 b3
  Abu Bakr al-Siddiq St. (Rainbow St.)
  1st Circle | Al Sahel
  Tel. 06/461 30 81
  www.jordanriver.jo
  Sa–Do 9–18 Uhr

KERAMIK

Das **Salt Handicraft Centre** der Noor Al Hussein Foundation ver-kauft v. a. Tonerzeugnisse › S. 67.

• **Salt Handicraft Training Centre** E5
Nageb al-Daboor District
Tel. 05/355 17 81 | So–Do 8–15 Uhr

WEBTEPPICHE

Traditionell sind Beduinen-Webteppiche aus Schafs- und Ziegenwolle. Aus überlieferten Techniken und Mustern haben sich renommierte Kunstschulen entwickelt, deren Produkte bei **Bani Hamida House** › S. 108 oder **Hareth Jdoudna** zum Festpreis erhältlich sind.

• **Hareth Jdoudna** E7
Adel Jumean St. | Madaba
Tel. 05/324 86 50
www.haretjdoudna.com

SILBER

Der **RSCN Silver Handicrafts Workshop** › S. 113 in Dana verkauft von Frauen des Ortes kunstvoll gefertigten, zum Teil sehr modern wirkenden Silberschmuck (tgl. 8 bis 15 Uhr). › mehr S. 17 Punkt ㉟

SANDFLASCHEN

Die bunten Sandsteinfelsen von Petra haben ein ganz besonderes Handwerk hervorgebracht: Bilder aus Sand, in Flaschen gefüllt und lange haltbar. › mehr S. 17 Punkt ㉞

• **The Sand Castle** D15
Wadi Musa, zwischen Silk-Road Hotel und Visitor Centre
Tel. 07/76 38 93 98
www.petrasandcastle.com

JUNGE KUNST IN AMMAN

Moderne Bildhauerei neben den Ruinen einer byzantinischen Kirche, Sommerkonzerte in einem Skulpturengarten, abstrakte Kunst und traditionelle Malerei: Mit dem Kulturzentrum **Darat al-Funun** hat der bekannte jordanische Künstler Amar Khammesh ein kreatives Kleinod geschaffen. Mehr als ein Dutzend Galerien in Amman bieten Werke zeitgenössischer jordanischer Künstler und Künstlerinnen zum Verkauf; im Rahmen von Ausstellungen auch die **National Gallery of Fine Arts** › S. 63.

• **Darat al-Funun** c2
Nadim al Mallah St. 13
Jebel Al-Weibdeh
Tel. 06/464 32 51
www.daratalfunun.org

• **Art Matter** b6
Nabulsi St. | Abdali
Tel. 06/565 63 26

• **The Gallery** E6
Hotel InterConti
Jebel Amman
Tel. 06/465 84 27

• **Nabad** c2
Uthman bin Affan St. 46
1st Circle | Jebel Amman
Tel. 06/465 50 84
www.nabadartgallery.com

• **Orfali Art Gallery** E6
Kufa St. 46 | Umm Uthayna
Tel. 06/552 69 32
www.orfali.net

• **Foresight32 Gallery** E6
Ibn Al Roumi St. 32
Umm Uthayna
Tel. 06/556 00 80
www.foresightartgallery.com

• **Silsal Ceramics** E6
Galerie Zein K im Four Seasons Hotel
Al Basrah St. 17
Umm Uthayna
Tel. 06/553 20 25
www.silsal.com

Die römische Kolonnaden des Cardo
Maximus im antiken Gerasa

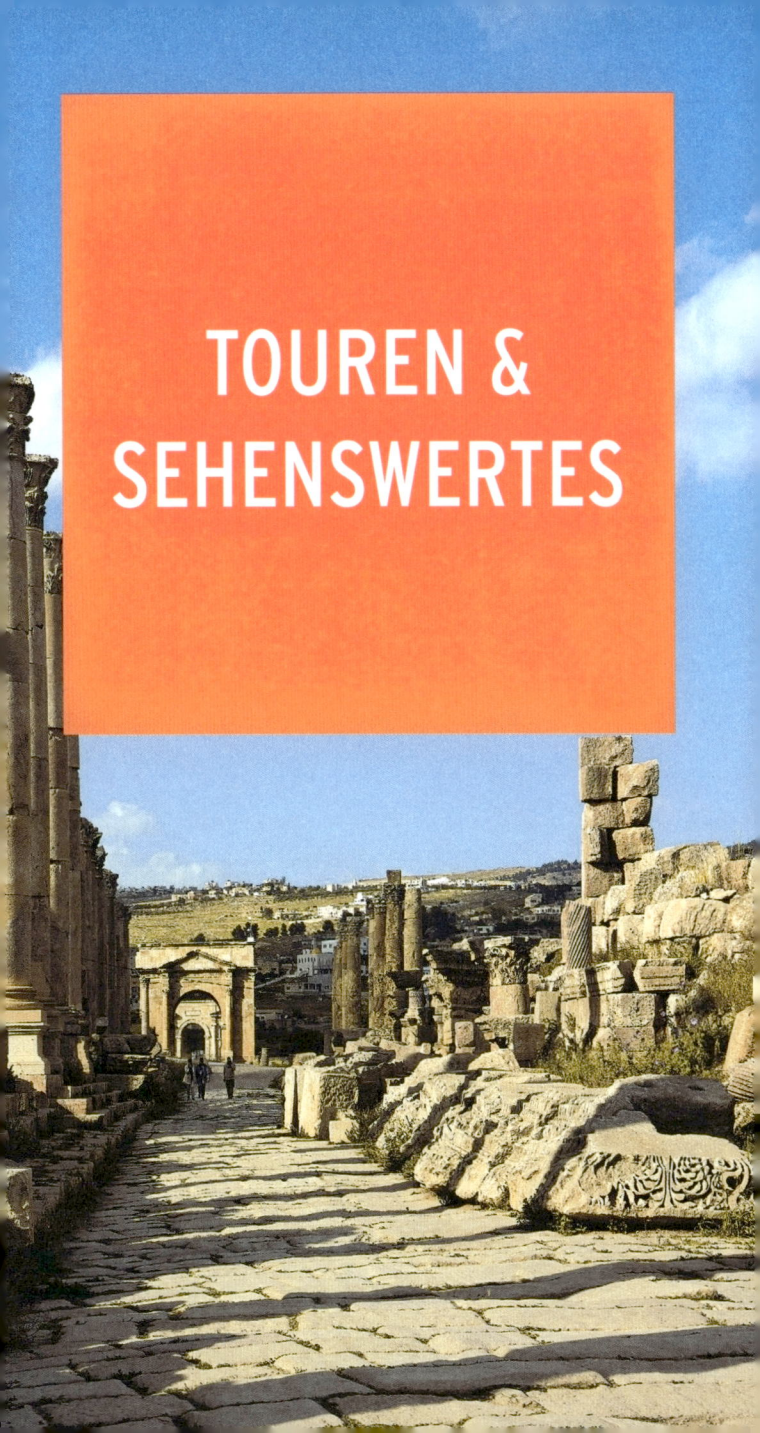

TOUREN & SEHENSWERTES

AMMAN

In der jordanischen Hauptstadt
Amman herrscht dichter Verkehr

Jordaniens dynamischen Hauptstadt wartet mit Ruinen aus der Römerzeit, sehr guten Shoppingmöglichkeiten in den Suqs und modernen Malls sowie interessanten Einblicken in das pulsierende Alltagsleben der Städter auf.

Ahlan wa sahlan, »herzlich willkommen«, in der Hauptstadt des Haschemitischen Königreichs. Nahezu alle Jordanienreisenden beginnen ihre Fahrt in Amman, das wie Rom auf sieben Hügeln gegründet wurde, sich aber heute über etwa zwanzig Hügel erstreckt. Der erste Blick offenbart eine recht uniform wirkende Stadt: Die mit dem lokalen weißen Kalkstein verblendeten modernen Hausfassaden ziehen sich über die Anhöhen, so weit das Auge reicht. Kaum zu glauben, dass man sich in Amman auf historischem Boden befindet.

Allerdings lag an diesem Ort bereits vor 9000 Jahren eine der größten jungsteinzeitlichen Siedlungen des Nahen Ostens. In biblischer Zeit war Rabath Ammon die Residenzstadt der Ammoniter. In hellenistischer Zeit erhielt sie den Namen Philadelphia. Unter der römischen Herrschaft blühte die Stadt auf. Der Niedergang begann mit dem Ende der ersten islamischen, der ummaijadischen Dynastie. Denn als die Karawanenwege nicht mehr über Amman liefen, geriet die Stadt nahezu in Vergessenheit.

Erst 1878 entstand hier wieder ein Dorf, das sich zu einer wichtigen Station an der von Damaskus nach Medina führenden Hidjaz-Bahn entwickelte. 1922 erklärte Prinz Abdullah schließlich das rasant wachsende Amman zur Hauptstadt des neuen Emirats Transjordanien.

Eine explosionsartige Entwicklung nahm die Stadt nach dem Zweiten Weltkrieg. Zunehmende Landflucht sowie Flüchtlingsströme aus Palästina und jüngst aus Syrien vervielfachten die Einwohnerzahl. Heute zählt der Großraum Amman über 4 Mio. Einwohner, Tendenz stark steigend. Die jordanische Hauptstadt bietet alle Annehmlichkeiten eines modernen Wirtschaftszentrums und ein selbst im Hochsommer angenehmes Klima.

Die Metropole ist nur im unmittelbaren Zentrum – **Downtown** – eine Stadt für Fußgänger. Hier befand sich einst auch das Zentrum der römischen Stadt mit Forum, Theater und Odeon. In den Märkten und Gassen um die Hussein-Moschee pulsiert heute das alltägliche arabische Leben: Obst, Gemüse, Goldschmuck und Kleidung, Elektrogeräte und Wasserpfeifen werden in den Suqs verkauft.

Weiter im Westen und Nordwesten erstrecken sich die modernen Stadtteile von Amman, **Shmeisani, Umm Uthayna** und **Sweifiyeh,** mit schicken Einkaufsstraßen und Cafés, in denen sich die durchaus vergnügungssüchtige Jugend der jordanischen Hauptstadt trifft.

Die Hügellage und die zahlreichen Einbahnstraßen machen das

verkehrsreiche Amman zu einer un-übersichtlichen Stadt. Zudem sind zwar alle Straßen beschildert, aber im Volksmund heißen die meisten völlig anders. So kennt man die Abu Bakr as-Siddiq Street umgangssprachlich nur als Rainbow Street. Zur besseren Orientierung hat man entlang der Hauptstraße, die vom alten Stadtkern über den Jebel Amman westwärts führt, die Kreisver-kehre *(circles)* bzw. Kreuzungen von eins bis acht durchnummeriert.

In der unmittelbaren Umgebung der Stadt sind einige interessante Sehenswürdigkeiten einen Ausflug wert: die christlich geprägte Ortschaft **Fuheis**, der **Wadi es-Sir** mit den hellenistischen Ruinen des **Qasr al-Abd** (»Burg der Sklaven«) und nicht zuletzt die ehemalige jordanische Hauptstadt **Salt**.

TOUR IN DER STADT

TOUR 1

EIN HALBER TAG IN DOWNTOWN AMMAN

ROUTE: Restaurant Jabri > Al-Malek Faisal (King Feisal) St. > Goldsuq > Basman St. > Gewürz- und Gemüse-suq > Al-Hussein-Moschee > Nymphäum > Forum mit Theater und Odeon > Hashimiyah Square > Jebel al-Qala (Zitadelle)

KARTE: Seite 58
LÄNGE: Die Gehstrecke beträgt nur ca. 2 km. Mit Museums- und Ausgrabungsbesuchen sollte man aber mindestens 4 Std. einkalkulieren.
PRAKTISCHE HINWEISE:
• Für diese Zu-Fuß-Tour fährt man mit dem Taxi vom Hotel ins Zentrum, Parkplätze sind in der Innenstadt kaum zu bekommen.

• Wer den steilen Anstieg zur Zitadelle zu ermüdend findet, nimmt sich am Theater ein Taxi dorthin und später zurück zum Hotel.

Die belebten Suqs der Innenstadt bieten trotz der eher modernen Architektur viel Flair. Im Anschluss an den Bummel durch die schmalen Gassen sind die gut restaurierten römischen Gebäude eine willkommene Abwechslung. Höhepunkt der Tour ist die Besichtigung der Zitadelle, die einen wunderbaren Blick hinunter ins Zentrum erlaubt.

TOUR-START:

Ausgangspunkt ist das Baklava-Geschäft und Restaurant **Jabri**, in dem man sich mit einem arabischen Kaffee und einem der sündhaft süßen kleinen Kuchen für den Spaziergang rüsten kann. Bergabwärts gelangt man in die al-Malek Faisal St.

Das riesige Römische Theater fasst mehr als 6000 Zuschauer

(King Feisal St.). Linker Hand liegt der **Goldsuq** 1 › S. 61. Nach dem Überqueren der Straße geht es neben dem Palace Hotel auf einer Querverbindung zur Basman Street mit zahlreichen, überaschend vielfältigen Dessousgeschäften. Auf der Basman Street angelangt, nach links reihen sich Kleidungsgeschäfte mit einer schönen Auswahl an palästinensischen Modestickereien aneinander. Folgen Sie anschließend der Al-Malek Talal Street ein wenig nach Südwesten und biegen Sie in die schmalen Suqgassen zwischen dieser und der Quraysh Street ein. In den schmalen Durchlässen findet sich eine Reihe alteingesessener Kaffee- und Gewürzhändler. › mehr S. 14 Punkt ⑮ Etwas weiter nordöstlich stoßen Sie auf die Gassen mit den Ständen der Obst- und Gemüseverkäufer.

Falls Sie in dem Treiben die Orientierung verloren haben, fragen Sie nach der **Al-Hussein-Moschee** 2 › S. 61, auf deren Vorplatz stets geschäftiges Treiben herrscht. An der Kreuzung der Quraysh Street mit der Ibn al-Athir Street stoßen Sie auf das **Nymphäum** 3 › S. 61, das seit Jahren restauriert wird. Mit etwas Glück können Sie trotz der andauernden Arbeiten auf das Gelände, um einen Blick auf die (wenigen) erhaltenen Architekturfragmente zu werfen.

Weiter geht es auf der Quraysh Street Richtung Norden, bis Sie rechter Hand den weiten Platz – das Forum des antiken Philadelphia – vor dem imposanten **Römischen Theater** 4 › S. 61 erreichen. In dessen Bühnengebäude sind das Folkloremuseum und das Museum für jordanisches Brauchtum untergo-

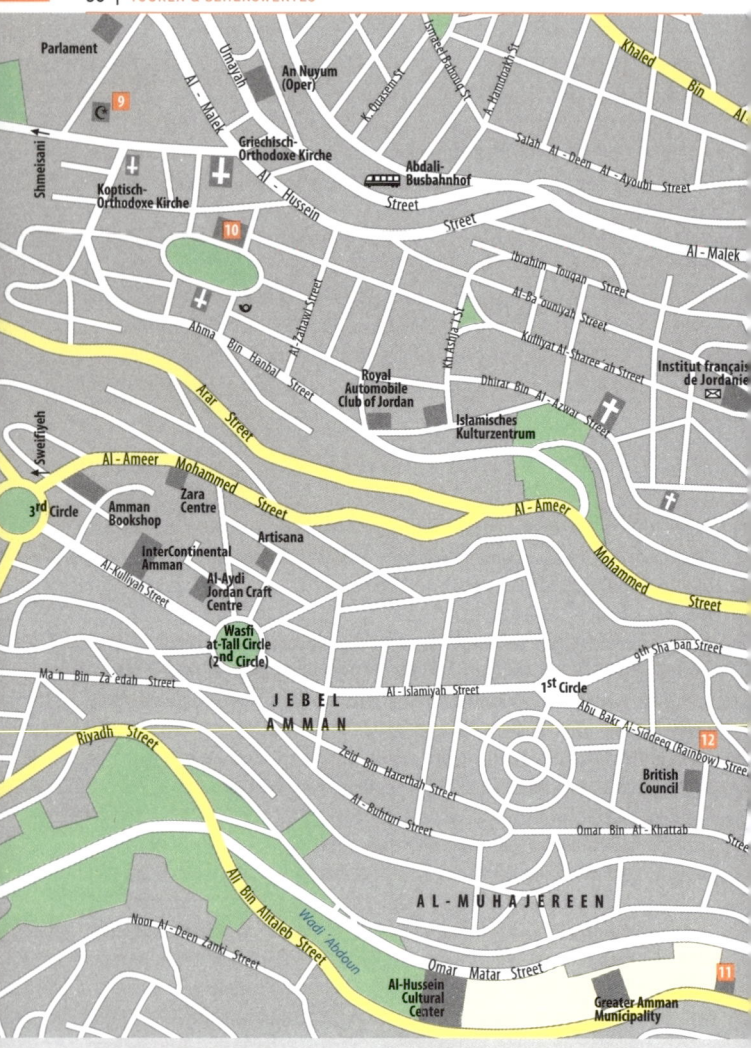

TOUR DURCH AMMAN

TOUR ❶

EIN HALBER TAG IN DOWNTOWN

Restaurant Jabri > Al-Malek Faisal (King Feisal) St. > Goldsuq > Basman St. >
Gewürz- und Gemüsesuq > Al-Hussein-Moschee > Nymphäum > Forum mit Theater
und Odeon > Hashimiyah Square > Jebel al-Qala (Zitadelle)

bracht. An der Stirnseite des Forums liegt außerdem das **Odeon** `5` › S. 61.

Hinter dem Odeon erreicht man den Hashimiyah Square, auf dem man sich bei einem Glas Tee für die Anstrengungen des Anstiegs zur Zitadelle wappnen kann. Ein schmaler Pfad führt gegenüber vom Theater im Zickzack und teils getreppt auf den Jebel al-Qala › S. 61. Bequemer ist natürlich ein Taxi, das Sie an der Hashimi Street anhalten können. Auf dem Zitadellenhügel lohnen sich der **Herkulestempel** `6` › S. 62 und der **Ummaijadenpalast** `7` › S. 62. Nehmen Sie ein Taxi zurück ins Hotel: Zeit für die wohlverdiente Mittagspause.

Für die weitere Tagesgestaltung bietet sich ein Besuch des **Wild Jordan Centre** `8` › S. 62, der **National Gallery of Fine Arts** `10` › S. 63 oder des neuen **Jordan Museum** `11` › S. 63 an. Und für die abschließende Entspannung empfiehlt sich der größte Hamam der Stadt, der **al-Pasha Turkish Bath** › S. 66.

VERKEHRSMITTEL

- Der **Queen Alia International Airport** › S. 26 liegt 32 km südlich der Stadt (Fluginformation: www.aig.aero). Von hier starten auch die meisten Inlandsflüge nach Aqabah. Ein Shuttlebus verbindet den Flughafen mit der Busstation in Abdali.
- Im Stadtzentrum bewegt man sich am besten zu Fuß und mit Taxis (in Gelb mit Taxametern).
- Mietwagenfirmen wie Avis oder Hertz sind am Flughafen sowie in den großen Hotels vertreten.

WICHTIGE ADRESSEN

- **Ministry of Tourism and Antiquities** 📕 E6, Jebel Amman, nahe 3rd Circle, Tel. 06/460 33 60, für Anfragen und Beschwerden Tel. 06/500 80 80, www.mota. gov.jo.
- **Royal Society for the Conservation of Nature (RSCN)** im Wild Jordan Café › S. 62, nahe Othman bin Affan St., Downtown, Tel. 06/463 35 42 oder 535 76 18, www.rscn.org.jo oder www. wildjordan.com, tgl. 9–23.30 Uhr.

Das Folkloremuseum bietet Einblicke in jordanische Traditionen

UNTERWEGS IN AMMAN

DER SUQ

In Downtown liegt Ammans zentraler Markt, der Suq. Er verströmt das Flair des Orients: Obst und Gemüse, lebendige Hühner, bunte Gewürze und sündhaft süße Klebrigkeiten werden feilgeboten, ebenso wie vielerlei Souvenirs – vom betörenden Parfum über das geschnitzte Kamel bis zu *nardjila* (Wasserpfeife) und *keffiye* (Kopftuch der Palästinenser).

Im **Goldsuq** 1 ◫ c2 glitzern 24-karätige Schätze für Hals, Ohren, Finger und Brust um die Wette. Im Zentrum des Suq erhebt sich die **Al-Hussein-Moschee** 2 ◫ c3, eine monumentale, schmucklose Moschee aus dem Jahr 1924.

An der Südseite der King Feisal Street, schräg gegenüber von Goldsuq und Arab Bank empfiehlt sich das **Café Eco-Tourism** ◫ c2 für eine Kaffeepause in stimmiger Umgebung. Die Plätze auf dem Balkon im ersten Stock sind heiß begehrt und bieten einen tollen Blick auf die trubeligen Straßen. von Downtown (al-Malek al-Faisal St., Tel. 06/465 29 94). › mehr S. 16 Punkt ㉔

RÖMISCHE RELIKTE

Direkt hinter dem Suq erheben sich die monumentalen Reste des **Nymphäums** 3 ◫ c3, des Prachtbrunnens der einstigen Römerstadt.

Weit imposanter ist das im 2. Jh. n. Chr. erbaute **Römische**

Theater 4 ◫ d2. Es wurde 1957 freigelegt und restauriert. Das Theater fasst in 44 Reihen rund 6000 Zuschauer und fand in jüngerer Zeit – auch dank seiner exzellenten Akustik – bisweilen als Freilichtbühne Verwendung.

Das Bühnengebäude des Theaters birgt zwei kleine Sammlungen: Das **Folkloremuseum** gewährt Einblicke in die traditionellen Lebensformen des Landes. In dem **Museum für jordanisches Brauchtum** sind Trachten, Schmuck und Fragmente byzantinischer Mosaike zu bewundern. Beide Museen sind im Sommer tgl. 8–18, im Winter bis 17 Uhr geöffnet.

Rechts neben dem Theaterausgang, an der östlichen Kolonnade des Forums, stößt man auf das **Odeon** 5 ◫ d2. Etwa zur selben Zeit wie das Theater erbaut, wird es mit seinen 600 Sitzplätzen heute hauptsächlich für Musikveranstaltungen genutzt.

JEBEL AL-QALA (ZITADELLE)

Der etwa 850 m hohe Zitadellenhügel erhebt sich nördlich des Stadtzentrums. Die Straße hinauf endet vor dem ehemaligen Archäologischen Museum, das, nachdem das Jordan Museum › S. 63 im Jahr 2014 eröffnet worden ist, zu einem lokalen Museum für die Geschichte Ammans umgebaut werden soll.

CAFÉS IN AMMAN

- **Wild Jordan Café:** Das Dachrestaurant im Zentrum der Königlichen Gesellschaft für Naturschutz (RSCN) serviert eine großen Auswahl an vegetarischen Gerichten (arabisch und international), frische Säfte und köstliche Smoothies. > S. 62
- **Blue Fig Café:** Die Gäste hören in futuristischer Architektur auf weichen Sofas unter moderner Kunst und bei Videoinstallationen World Music – hipper geht es nicht in Amman! > S. 64
- **Books@Café:** Ammans ältestes Internetcafé gehört mit seinen kuscheligen Sofas und hervorragenden Kaffeespezialitäten nach wie vor zu den beliebtesten Treffpunkten. > S. 65
- **Darat al-Funun Café** ∎ c2: Das in einem renovierten Häuserkomplex ansässige Zentrum für zeitgenössische Kunst bietet nicht nur Galerie und Kulturevents, sondern auch ein ruhiges Gartencafé – ein friedvoller Ort für eine längere Pause (Nimer bin Adwan St., Tel. 06/464 32 51 www.daratalfunun.org).
- **Tche Tche Café** ∎ E6: Beliebt bei Jordanierinnen, um eine Wasserpfeife zu schmauchen und ein hausgemachtes Eis oder eine Pekannusswaffel zu genießen. (Jebel Amman, Abdoun Circle, Tel. 06/593 20 20, und sechs weitere Filialen, www.tchetchecafe.com).

Im Südwesten an das Museum angrenzend sind die Reste eines wohl Herkules geweihten **Tempels** **6** ∎ c2 zu sehen. Er datiert in die zweite Hälfte des 2. Jhs. n. Chr. Eigentliche Attraktion ist aber der Panoramablick von hier aus über die Hauptstadt: Die charakteristische, schwarz-weiß gestreifte Moschee im Süden ist die **Abu-Darwish-Moschee** auf dem Jebel al-Ashrafiyeh. > mehr S. 16 Punkt **23**

Etwas weiter nördlich wurden Reste einer dreischiffigen byzantinischen Basilika freigelegt. Der Kernbau der Zitadelle (arab. *al-Qasr*) liegt im Zentrum des Hügels. Dieser sogenannte **Ummaijadenpalast** **7** ∎ c2 wurde im frühen 8. Jh. n. Chr. erbaut und diente wohl dem örtlichen Gouverneur als Residenz.

Das Gelände ist April–Sept. Sa bis Do 8–19, Okt.–März bis 16 Uhr geöffnet, letzter Einlass 1 Std. davor.

WILD JORDAN CENTRE (RSCN) **8** ∎ Ec2

Die 1966 gegründete Royal Society for the Conservation of Nature (RSCN > S. 60) ist eine einflussreiche unabhängige Naturschutzorganisation. Ihr Ammaner Zentrum Wild Jordan ist aus mehreren Gründen einen Besuch wert: Die kühlmoderne Architektur schuf Amar Khammesh. Man erfährt hier alles über das ökotouristische Angebot in den RSCN-Naturreservaten, kann Quartiere und Exkursionen buchen. Das Wild Jordan Café-Restaurant bietet biodynamische Speisen und einen tollen Blick auf die Altstadt. Außerdem gibt es Internetzugang, einen Ausstellungsbereich sowie den Nature Shop, eine Fundgrube für Souvenirs. (1st Circle, Othman bin Afan St.).

KÖNIG-ABDULLAH-MOSCHEE 9 ▮ E6

Die 1988 im Auftrag von König Hussein fertiggestellte Moschee auf dem Jebel Weibdeh ist die größte und dank ihrer blauen Kuppel schönste Moschee der Stadt (Suleiman an-Nabulsi St., Zutritt auch für Nichtmuslime › mehr S. 17 Punkt 29

NATIONAL GALLERY OF FINE ARTS 10 ▮ E6

In dem modernen Museumsbau werden Werke zeitgenössischer jordanischer Künstler – Gemälde, Skulpturen, Keramiken u. v. a. m. – ansprechend präsentiert (Hosni Fareez St., www.nationalgallery.org; Sa–Do 9–19, im Winter bis 17 Uhr).

JORDAN MUSEUM 11 ▮ b8

Das hypermoderne, 2014 im Bezirk Ras al-Ayn, südlich des 2nd Circle eröffnete Museum wurde vom jordanisch-palästinensischen Architekten Ja'afar Touqan (1938–2014) gestaltet. › mehr S. 15 Punkt 22 Es bietet auf 10 000 m² Ausstellungsfläche neben temporären Themenschauen eine archäologische Tour d'horizon zu Kultur und Geschichte Jordaniens von der Stein-, Bronze- und Eisenzeit über die Antike und Islamische Frühzeit bis in die Moderne. Zu den Höhepunkten gehören die Gipsstatuen von Ain Ghazal aus dem 8. Jt. v. Chr. sowie antike jüdische Schriftrollen aus Qumran (www.jordanmuseum.jo, Sa–Mo und Mi/Do 9–16, Fr 14–17 Uhr).

Im Foyer des Jordan Museums startet die Erkundung der jordanischen Geschichte

DAS MODERNE AMMAN

Von ihrer europäischen Seite zeigt sich die Metropole in den aufstrebenden westlichen Bezirken. Lohnend ist ein Bummel entlang der **Rainbow Street** 12 📱 b8 und durch ihre Seitengassen auf dem Jebel Amman. Sie sind gesäumt von Villen des Adels, der Botschafter und der Händlerfamilien aus den 1920er- und 1930er-Jahren.

Noch weiter im Westen sprießen Neubauten, Shopping Malls, Hotels und Restaurants aus dem Boden. Zum Synonym für die junge, lebenslustige urbane Generation sind die Bezirke **Shmeisani** und **Sweifiyeh** geworden.

HOTELS

Al Qasr Metropole Hotel €€ 📱 E6
Designhotel im Stadtteil Shmeisani mit 70 großen, schnörkellos eingerichteten Zimmern. Die beiden Bars Nai und Vinaigrette, Letztere mit grandiosem Panoramablick über die Stadt, gehören zu den beliebtesten in Amman.
• Arroub St. 3
  Shmeisani
  Tel. 06/566 61 40
  www.alqasrmetropole.com

La Locanda €€ 📱 b1
Neues, elegantes Boutiquehotel im lebendigen Bezirk Al-Weibdeh. Die 14 komfortablen Zimmer sind jeweils nach einer Ikone der arabischen Musik benannt und mit hellen Naturmaterialien gestylt, dazu Maestro Bar & Restaurant.
  Al-Baouneyah St. 52 | Lweibdeh
  Tel. 06/460 20 20
  www.locandahotel.com

Palace Hotel €€ 📱 c2
Saubere Zimmer mit heißem Wasser, Klimaanlage und Satellitenfernsehen, dazu ein kräftiges Frühstück. Auch für Rucksackreisende attraktiv.
• Al-Malek al-Faisal St. | Downtown
  Tel. 06/462 43 26

Toledo Hotel €€ 📱 F6
Solide Zimmerausstattung (inkl. WLAN und Satelliten-TV) und große Bäder machen dieses verkehrsgünstig nahe dem Abdali-Busbahnhof und zentral gelegene Hotel zur besten Adresse unter den Mittelklassehotels der Stadt.
• Ummayah bin Abd Shams St. 32
  Abdali | Tel. 06/465 77 77
  www.toledohotel.jo

Nomads Hotel & Hostel € 📱 b2
Äußerst freundlich geführtes und farbenfroh designtes Haus mit Einzel-, Doppel-, 4er- und 6er-Zimmern, Altstadt in Gehdistanz, Rooftop mit toller Aussicht.
• Shukri Sha'Asha'a St.
  Jebel Amman Bldg. 27 | Tel. 06/568 88 87
  www.nomads-hotel.amman-hotels-jo.com

RESTAURANTS

Fakhr el-Din €€€ 📱 b2
In einem perfekt renovierten Haus aus den 1920er-Jahren untergebrachtes libanesisches Restaurant der Spitzenklasse mit hochkarätiger Gästeliste. Außergewöhnlich gut sind auch die Nachspeisen!
• Taha Hussein St. 40 | Jebel Amman
  Tel. 06/465 23 99 | www.fakhreldin.com

Blue Fig €€ 📱 E6
Gut besuchtes Szenerestaurant mit Livebands, Galerie, In- und Outdoorbereich. Neben Suppen und Salaten gibt es Figgza

(die Hausvariante der Pizza) und leckere Desserts, Muffins und Cookies.
• Al-Amir Hashem bin Al-Hussein St. Abdoun | Tel. 06/592 88 00
 www.bluefig.com

Books@Café €€ ◼ c3
Mischung aus Kaffeehaus, Bar und Restaurant mit exzellenter Pizza und variationsreichen Salaten.
• Omar bin al-Khattab St. Downtown | Tel. 06/465 04 57

Abu Ahmad Orient
Restaurant € ◼ E6
Libanesische Küche mit vielfältigen Vorspeisen und Fleischgerichten vom Grill. Beliebt, vor allem auch wegen der wunderschönen Terrasse.
• 3rd Circle | Jebel Amman Tel. 06/464 18 79

SHOPPING

Schönes Kunsthandwerk kann man im **Wild Jordan Centre** › S. 62 erwerben. Weitere gute Adressen › S. 50.

Al-Aydi Jordan Craft Centre
Großes Sortiment qualitätvollen Kunsthandwerks, meist von lokalen Organisationen zur Pflege traditionellen Handwerks produziert.
• Nähe al-Kulliyah al-Islamiyah St. Jebel Amman

Al-Burgan
Gute Adresse für Kunsthandwerk.
• Tala't Harb St. 12 | Jebel Amman
 www.alburgan.com

Oriental Souvenirs Store
Orientalische Souvenirundgrube.
• 3rd Circle | Jebel Amman

DIE SCHÖNSTEN MÄRKTE

• Unbestrittener Platzhirsch ist der »Bauch von Amman« alias **Suq Sukkar.** Auf dem Obst- und Gemüsemarkt nahe der Hussein-Moschee herrscht Orientflair pur mit hohem Unterhaltungs- und Geschmacksfaktor. › S. 61

• Schatztruhe im Herzen der Kapitale: In den labyrinthischen Gässchen des **Goldsuq** quellen Dutzende Läden förmlich über von glitzerndem Schmuck zu im weltweiten Vergleich äußerst günstigen Preisen (nördlich King Faisal St., nahe Shabsough St., Sa–Do, ca. 10–23 Uhr). › S. 61

• Von April bis Okt. findet auf dem Jebel Amman der von Anrainern organisierte **Jara-Flohmarkt** ◼ b8 statt. Geboten werden entlang Rainbow und Fawzi Malouf Street Silberschmuck, Stickereien und lokale Lebensmittel sowie, gratis, eine herrliche Aussicht auf die Innenstadt (Fr ca. 10–22 Uhr).

• Natürlich gibt es hier teilweise Kommerzkitsch. Doch das Sortiment der Souvenirstände in **Wadi Musa** nahe dem **Visitor Centre** › S. 121 am Eingang nach Petra, bietet auch einen qualitätvollen Querschnitt durch Kunsthandwerk »Made in Jordan«.

• Der **Suq von Aqabah** ist gut sortiert, wenn man Gewürze, Tee oder ein authentisches Souvenir sucht (zwischen Zahran und Raghadan St.). › S. 136

Artisana
Kunsthandwerk in großer Auswahl.
- Mansour Krieshan St. | Jebel Amman
  www.artisanajordan.com

Beit al-Bawadi
Empfehlenswerte Adresse für hochwertige
Keramik. › mehr S. 18 Punkt **36**
- Entrace 9 | Abdali Boulevard
  Jebel Amman

Mecca Mall
Gigantische Shoppingmall mit mehreren
Hundert Geschäften für Mode, Kosmetik,
Schmuck, Wohnaccessoires u. v. a. m.
- Makkah al-Mukarramah St.
  West-Amman | www.meccamall.jo

WELLNESS
Al-Pasha Turkish Bath 🔖 c8
Mitzubringen ist nicht allzu freizügige Ba-
debekleidung, dann können Sie nach Her-
zenslust schwitzen, schrubben und plant-
schen. Tgl. 10–24 Uhr, Frauen nachmittags
bis ca. 18 Uhr, Männer am Abend. Voranmeldung empfehlenswert.
- Al-Mahmoud Taha St.
  Jebel Amman | Tel. 06/463 30 02

AUSFLÜGE

Per Mietwagen, Taxi oder Minibus
(ab Abdali-Busbahnhof in Amman)
lassen sich Wadi es-Sir, Salt und
Fuheis gut zu einem Tagesausflug
kombinieren.

WADI ES-SIR 🔖 E6 UND
QASR AL-ABD 🔖 E6
Etwa 10 km westlich von Amman
führt eine enge Straße durch das
ebenso fruchtbare wie malerische
Wadi es-Sir. Am Ende des Tals liegen die gewaltigen Steinblöcke der
Qasr al-Abd (ca. 10 km bergab an
der Straße Richtung Westen; gegenüber der Abzweigung nach rechts
zu den Ruinen steht links ein Hinweisschild zum Iraq al-Amir Handicraft Village).

Die **Qasr al-Abd** (»Burg des Sklaven«) wurde bereits in ammoniti-
scher Zeit im 2. Jh. v. Chr. errichtet,
hieß damals Birtha. Die Mauern des
40 m langen, 20 m breiten und 18 m
hohen späthellenistischen Baus mit
bemerkenswert feinen Löwenreliefs
stürzten bei einem Erdbeben ein.

SHOPPING
Nach Erkundung der Burgruine empfiehlt
sich ein Besuch des Iraq al-Amir Handicraft Village, wo man Teppiche, Töpfer-
arbeiten und vieles mehr erstehen kann
(Sa–Do 8–15 Uhr).

FUHEIS 🔖 E5
Der kleine, christlich geprägte Ort
liegt 15 km nordwestlich von Amman in kühlen 1500 m Höhe. Den
Ammanern ist Fuheis besonders
wegen seiner beiden exzellenten Restaurants ein Begriff, die auch einen
guten, lokal produzierten Wein kre-
denzen. › mehr S. 15 Punkt **20** Einen
Besuch lohnt die Galerie **Rowaq al-
Balqa,** die in dieser eher dörflichen
Atmosphäre zeitgenössische jordanische Kunst ausstellt (www.rowaq.
net, Mi–Mo 16–22 Uhr).

RESTAURANTS
Zuwwadeh €€
In dem pompös umgebauten Gehöft an der
Hauptstraße von Amman nach Fuheis, tref-
fen sich Ammaner besonders gern zum

Das Städtchen Salt zieht sich über die Hügel im Hochland von Balqa

Schlemmen. Highlights der äußerst vielfältigen Küche sind die *mezze* (Vorspeisen) und *fattahs* (Brotgerichte). Abends mit Livemusik.
• Al-Hijaz St. | Fuheis | Tel. 06/472 15 38 www.zuwwadeh.com

Mallol €–€€
Stil- und stimmungsvolle Kalorientankstelle. Von Kafta bis Kebab, auch Fleischloses wird hier kredenzt, was das Herz des Feinschmeckers begehrt.
• Al-Hijaz St. | Fuheis | Tel. 079/888 02 00

SALT ◾ E5
Etwas verschlafen wirkt die Stadt in einem steilwandigen engen Tal etwa 30 km nordwestlich von Amman. In osmanischer Zeit war Salt das Verwaltungszentrum der Region. Die Innenstadt entpuppt sich als lebendiges Museum der osmanischen Architektur. Diese finden Besucher, die am Busbahnhof mit dem Rundgang beginnen, bereits an der ad-Dayr Street, die im langen Bogen direkt auf den **Suq** führt.

An seiner Südseite lohnt das im liebevoll restaurierten Bayt Abu Jaber untergebrachte, kleine **Museum für Heimatkunde** einen kurzen Besuch (Mai–Okt. tgl. 8–18, sonst bis 16 Uhr). Im Häusergewirr oberhalb versteckt sich das ehemals Englische Hospital (EH) aus der Zeit unter Britischen Mandats.

Zurück führt die **Hammam Street** – sicherlich der architektonisch interessanteste Straßenzug in der Stadt – am Suq entlang geradewegs auf das Kaffeehaus im Muhammad-al-Bashir-Haus zu.

Lohnend ist auch ein Spaziergang auf dem gut beschilderten **Heritage Trail** um das Stadtzentrum herum sowie ein Besuch im **Salt Handicraft Centre.** Die Handwerkerschule befindet sich im Norden, etwa 3 km außerhalb der Stadt. Der schuleigene Shop verkauft qualitätvolles Kunsthandwerk (Maddaris al-Balkhar al-Islamiy, Nageb al-Daboor District, Tel. 05/355 02 79, So–Do 8–15 Uhr).

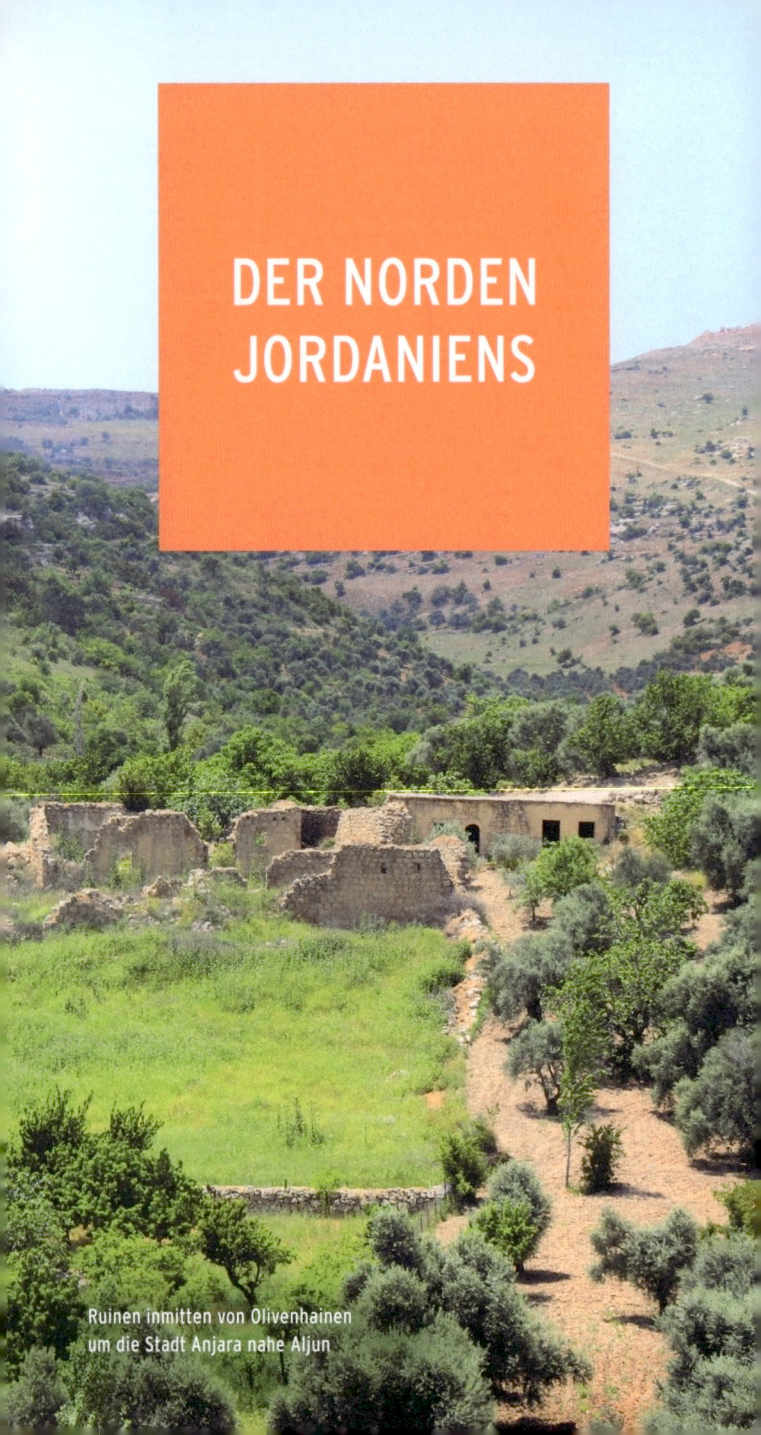

DER NORDEN JORDANIENS

Ruinen inmitten von Olivenhainen
um die Stadt Anjara nahe Aljun

Der Norden begeistert Kultur- und Naturfreunde gleichermaßen. In der sanften Hügellandschaft blühten einst die Städte der römischen Dekapolis, von denen imposante Überreste zeugen. Abwechslung versprechen die grünen Wälder um Ajlun.

Das biblische Land Gilead erstreckt sich über grüne, teils dicht mit Oliven und Pinien bewaldete Hügel zwischen den Flüssen Yarmuk im Norden – er bildet die Grenze zu Syrien – und Zarqa im Süden. Beide werden von einer Vielzahl kleiner Bäche gespeist und münden in den Jordan, der heutigen Grenze zu Israel. In Naturschutzgebieten, besonders im **Ajlun Nature Reserve,** haben sich Naturwälder erhalten, die man auf Wanderungen erkunden kann.

In römischer Zeit blühten in dieser schon früh dicht besiedelten Region die Städte der Dekapolis, miteinander verbunden durch ein dichtes Netz von Fernstraßen. Bereits in hellenistischer Zeit gegründet, wurde der Städtebund von den römischen Kaisern großzügig gefördert: Die Städte erhielten repräsentative öffentliche Bauten und Tempel. Ihr Wohlstand ist bei einem Rundgang durch die Ruinen von **Gerasa, Gadara** und **Pella** noch heute nachvollziehbar.

Spätestens mit dem Beginn der islamischen Zeitrechnung begann der Niedergang. Denn politisches Zentrum war nun das ferne Bagdad, die Handelsströme verlagerten sich und die einst mächtigen Städte verfielen. Als die Osmanen die Gegend im frühen 16. Jh. einnahmen, war der Landstrich weitgehend entvölkert. Die bald angelegte Pilgerstraße von Damaskus über Amman nach Medina und Mekka führte im Osten an dem hügeligen Land vorbei – an ihrem Verlauf entstanden der heutige Industriestandort Zarqa und das ziemlich gesichtslose Mafraq.

Mit der Gründung des modernen Jordaniens entwickelte sich **Irbid** zum Zentrum des Nordens. Die heute zweitgrößte Stadt des Landes ist Heimat einer weit über die Grenzen des Landes hinaus berühmten Universität, der Yarmuk. Entsprechend lebenslustig und progressiv geht es im Universitätsviertel mit seinen schattigen Alleen und zahlreichen Cafés zu. Dank seiner zentralen Lage bietet sich Irbid als Standort für die Erkundung des jordanischen Nordens an.

Ausgrabungsgelände von Tell Zira'a

TOUREN IN DER REGION

DIE STÄDTE DER DEKAPOLIS

ROUTE: Irbid › Tell Zira'a › Al-Baqura › Al-Hamma › Umm Qays (Gadara) › Abila › Irbid › Jerash (Gerasa) › Qala'at ar-Rabad › Ajlun › Tab'qat Fahl (Pella) › Irbid

KARTE: Seite 71
LÄNGE: 2 Tage ab/bis Irbid
Tag 1: ca. 120 km, Tag 2: ca. 155 km
PRAKTISCHE HINWEISE:
- Für diese beiden Tagestouren ist ein Auto unabdingbar, da einige der Ausgrabungen weitab von größeren Siedlungen liegen.
- Planen Sie Ihren ersten Tag so, dass Sie mittags im Umm Qays Resthouse › S. 79 speisen können (an Wochenenden Reservierung empfehlenswert).
- Ein Besuch des Tell Zira'a lohnt sich besonders im Frühjahr und im August, wenn dort ausgegraben wird.
- Vergessen Sie auf keinen Fall eine Taschenlampe, um die Grabhöhlen bei Abila zu erkunden!

TOUR-START:
Die Erkundung des äußersten Nordwestens beginnt mit einer Fahrt von **Irbid** **1** › S. 73 zum Hügel **Tell**

Zira'a **7** › S. 80. Von der Fernverkehrsstraße von Irbid hinunter ins Jordantal kommend nehmen Sie nach der Abzweigung Kafr Asad die nächste Ausfahrt. Nach etwa 1 km biegen Sie links ab und fahren in nordwestliche Richtung weiter bis zur Ausgrabung, wo Sie den Archäologen über die Schulter schauen und die Ruinen erkunden können.

Weiter geht es hinunter ins Jordantal, dem Sie nach Norden folgen. Fragen Sie am ersten Checkpoint nach, ob Sie Al-Baqura **📖** D2 besuchen dürfen. Die diensthabenden Officer führen Sie in der Regel gerne zu diesem auch »Island of Peace« genannten Platz, von dem Sie einen Blick auf den Zusammenfluss von Jordan und Yarmuk werfen können.

Zurück auf der Hauptstraße folgen Sie nun dem Yarmuk auf landschaftlich reizvoller Strecke. Bananenplantagen und Palmen zeugen vom subtropischen Klima am Fluss. Besuchen Sie die wenigen Überreste der römischen Bäder von **Al-Hamma** **6** › S. 79, bevor Sie die kurvige Straße hoch nach Umm Qays nehmen und das antike **Gadara** **5** › S. 78 erreichen. Nach dem Rundgang durch die imposanten Ruinen können Sie von der Terrasse des Resthouse bei einem hervorragenden Essen den Blick über die Golanhöhen und den See Genezareth schweifen lassen.

Der späte Nachmittag bleibt für die Erkundung von **Abila** **4** › S. 78, in der Nähe des Örtchens Quwayliba. Besonders lohnend ist die Erkundung der Grabhöhlen in den umliegenden Hängen: Einige Grabwände sind von Fresken mit Darstellungen der Toten verziert. Von Abila fahren Sie dann etwa 15 Minuten zurück nach Irbid.

Den Vormittag des zweiten Tages sollten Sie komplett für die Erkundung von Jerash **2** › S. 73 einplanen. Die antike Stadt Gerasa, die einst zum Zehnstädtebund Dekapolis gehörte, ist von Irbid über die Autobahn in etwa 30 Min. erreicht. Vom Besucherparkplatz nahe Ticket Office schlendern Sie durch das Hadrianstor in die antike Stadt hinein und spazieren an ihren faszinierenden Relikten vorbei. Am Kreisverkehr in Parkplatznähe ist Ajlun ausgeschildert. Falls Sie ein exquisites libanesisches Mittagessen genießen wollen, nehmen Sie hinter

dem Kreisel die erste Abzweigung nach links zum Lebanese House › S. 77 (linke Straßenseite).

Zurück auf der Hauptstraße folgen Sie der kurvigen Landstraße durch Pinienwälder und vorbei an Olivenhainen bis Anjara und biegen dort rechts nach Ajlun **3** › S. 77 ab. Von Ajlun aus sind es dann nochmals etwa 3 km bis zur Araberfeste Qala'at ar-Rabad. Im Anschluss an die Erkundung der verschachtelten Burg gibt es drei Möglichkeiten: Sie fahren direkt nach Irbid zurück (ca. 30 km bzw. 45 Min auf der Landstraße Nr. 55). Oder Sie machen eine Wanderung im Ajlun Nature Reserve › S. 77. Oder Sie fahren über Kurayima hinunter ins Jordantal zur einstigen Dekapolis-Stadt Pella **8** › S. 81 (bei Tab' qat Fahl, bis 18 Uhr). Von dort dauert die Rückfahrt nach Irbid ca. 45 Min.

TOUREN IM NORDEN

TOUR **2**

DIE STÄDTE DER DEKAPOLIS

Irbid › Tell Zira'a › Al-Baqura › Al-Hamma › Umm Qays (Gadara) › Abila › Jerash (Gerasa) › Qala'at ar-Rabad › Tab'qat Fahl (Pella) › Irbid

TOUR **3**

AJLUN NATURE RESERVE: VILLAGE ORCHARDS TRAIL

Ajlun Nature Reserve Visitor Centre › Eagle Viewpoint › Rasun › Soap House › Arjan › Ajlun Nature Reserve Visitor Centre

TOUR 3

AJLUN: VILLAGE ORCHARDS TRAIL

ROUTE: Ajlun Nature Reserve Visitor Centre > Eagle Viewpoint > Rasun > Soap House > Wadi Arjan > Ajlun Nature Reserve Visitor Centre

KARTE: Seite 71
LÄNGE: 12 km; 6 Stunden
PRAKTISCHE HINWEISE:

• Leichte Wanderung mit Guide (nur April–Okt., z. B. ca. 150 JD für eine fünfköpfige Gruppe, inkl. von lokalen Familien zubereitetem Mittagessen und Rücktransfer im Minibus) unbedingt in Amman (RSCN) vorbuchen > **S. 60.**
• Außerhalb der Saison kann man den kürzeren »Soap Makers Trail«, der den ersten Teil der Strecke bis zur RSCN-Seifenfabrik umfasst,

ohne Guide begehen (7 km, 4 Std.).
• Als Übernachtungsort im Nature Reserve empfiehlt sich die Ajlun Forest Lodge > **S. 77.**

TOUR-START:

Der Trail beginnt beim **Ajlun Nature Reserve Visitor Centre** ▮ E3 mit einem recht leichten Anstieg durch die Wälder zum Eagle Viewpoint (ca. 930 m ü. NN) mit toller Aussicht und führt anschließend durchweg bergab nach Rasun. Nahe dem Dorf hat die RSCN eine kleine Seifenfabrik gegründet, in der die Dorffrauen Seife aus Olivenöl und Kräuterauszügen herstellen und verkaufen. > mehr S. 17 Punkt **33**

Nach einem von Anwohnerinnen zubereiteten Mittagessen führt der Weg hinab ins Wadi Arjan, ein liebliches Tal mit Feigen-, Kirsch- und Granatapfelbäumen, bis nach Arjan (insges. 5 km leichter Weg), wo ein Minibus die Wanderer zurück zum **Visitor Centre** bringt.

Das Ajlun Nature Reserve erfreut Wanderer mit Schattenplätzchen

UNTERWEGS IN DER REGION

IRBID 🟧1 📖 E2

Irbid, das charmante Zentrum der Nordwestprovinz, war vor 100 Jahren noch ein Dorf. Mittlerweile ist es mit über 1 Mio. Einwohnern Jordaniens zweitgrößte Stadt, wichtiges Handels- und Agrarzentrum und Sitz der im Nahen Osten hoch angesehenen Yarmuk-Universität.

Sehenswert ist das **Museum of Archaeology and Anthropology** auf dem Universitätsgelände mit Exponaten regionaler Grabungen (So–Do 10–13.45, 15–16.30 Uhr, Eintritt frei). Aber auch das **Bayt Arar,** ein klassisches Damaszenerhaus nahe der al-Hashemi Street mit einer Ausstellung zum jordanischen Dichter Arar (1897–1949) lohnt einen Besuch (So–Do 8–15 Uhr, Eintritt frei).

HOTEL

Al-Joude €€
Ruhiges sauberes und geräumiges Haus mit sehr nettem Personal, Zimmer mit Sat-TV. Im Erdgeschoss befindet sich das empfehlenswerte News Café.
• Al Jamaa St. | Irbid
Tel. 02/727 55 15

RESTAURANTS

Zahlreiche einfache Restaurants (€) an der **University Street** bieten eine große Auswahl – von Take-away-Pizza bis zum indischen Chicken Tikka. Im **News Café** (€) im Hotel Al-Joude ▶ **oben** lässt es sich angenehm speisen, auf der Karte stehen Pizza, Salate und Sandwiches.

JERASH (GERASA) 🟧2 ⭐ 📖 E4

Die antike Provinzstadt Jerash (sprich: Djarasch), die eingebettet in die grünen Hügel von Gilead liegt, wird häufig auch als »Pompeji des Ostens« bezeichnet. Dank der grandiosen Kolonnadenstraße, der zwei Tempel, drei Theater und etlicher Kirchen zählt Gerasa zu den Topsehenswürdigkeiten der gesamten Region.

💬 **JORDAN FESTIVAL**

Wer im Lauf des Juli in Jerash ist, sollte unbedingt eine der Veranstaltungen des Jordan Festival ▶ **S. 46** besuchen. Es ist ein unvergessliches Erlebnis, in einer lauen Sommernacht im römischen Amphitheater von Jerash einem Konzert zu lauschen oder eine Theater- oder Folkloreaufführung zu sehen. Das rund 10-tägige Programm umfasst Beiträge vieler Nationen, Kulturen und Kunstgenres – Ballett, Oper, Konzerte klassischer Orchester und arabischer Sänger, aber auch Zirkus, Kabarett und Folkloretanz. In den festlich illuminierten Säulenstraßen wird die reiche Kunsthandwerkstradition des Landes präsentiert. ▶ **mehr S. 16 Punkt** 26

Die Stelle am Westufer des Chrysorhoas, eines kleinen Nebenflusses des Zarqa, war – jungsteinzeitliche Werkzeuge und Tonscherben belegen dies – bereits um 6000 v. Chr. bewohnt. Bis heute ist nicht ganz geklärt, ob die Stadtgründer die Seleukiden (im 4. Jh. v. Chr.), die Ptolemäer oder gar Nachfahren der Legion Alexanders des Großen (beide 2. Jh.) waren. Fest steht, dass erst die Römer auf die vorklassische Tradition zurückgriffen und die Stadt Gerasa tauften. Fest steht auch, dass der Aufstieg des Ortes mit der Eroberung Palästinas durch Pompeius 63 v. Chr. begann. Gerasa wurde Mitglied der Dekapolis und in der Folge als Handelsplatz, aber auch dank der florierenden Landwirtschaft und der Erzvorkommen in seiner Umgebung reicher und reicher. Fast alle Gebäude wurden geschleift und gemäß römischem Stadtplan neu errichtet.

Seinen wirtschaftlichen und städtebaulichen Höhepunkt erreichte Gerasa im 2. Jh. Nachdem Kaiser Trajan das Erbe der Nabatäer angetreten und das Jordanland zur Provincia Arabia gemacht hatte, brach ein goldenes Zeitalter an, die Stadt wurde prächtig renoviert und weiter ausgebaut.

Mit dem Niedergang des Römischen Reichs und der Verlagerung des Ferntransports von den Karawanen- auf die Meeresrouten setzte für Gerasa der Abstieg ein. Ein letztes Mal erlebte es unter Kaiser Justinian (527–565) eine Blüte; sichtbarster Ausdruck war der Bau von rund einem Dutzend Kirchen. 614 eroberten die Sassaniden und 636 die Araberheere die Stadt. Das Ende besiegelte 746 ein Erdbeben. Mit Ausnahme einer kurzen Besatzungszeit durch die Kreuzfahrer unter Balduin II. (1120) blieb Gerasa entvölkert.

Erst 1806 entdeckte der Orientforscher Ulrich Jasper Seetzen die vergessene Ruhmesstätte wieder. Mit systematischen Ausgrabungen begannen vorwiegend britische Archäologen in den späten 1920er-Jahren.

TRIUMPHBOGEN UND HIPPODROM

Die Besichtigung beginnt üblicherweise bei dem monumentalen **Triumphbogen** Ⓐ (Hadrianstor), der 129 zu Ehren Kaiser Hadrians erbaut wurde. Direkt dahinter erstreckt sich auf der linken Seite das **Hippodrom.** Bisweilen werden hier Wagenrennen und Gladiatorenkämpfe nach altrömischem Vorbild veranstaltet (Jerash Chariots).

FORUM

Am **Südtor** Ⓑ hat man den offiziellen Eingang in die ummauerte Stadt erreicht. Der Weg führt nun direkt auf das **Forum** Ⓒ zu. Seine für klassische Stadtanlagen ungewöhnliche ovale Form ist durch ein städtebauliches Problem bedingt: die Ost-West- und die Nord-Süd-Achse mussten harmonisch verbunden werden. Die imposante Platzanlage ist mit teilweise rekonstruierten ionischen Säulen eingefasst, was auf eine Entstehung im frühen 1. Jh. schließen lässt.

CARDO MAXIMUS Ⓓ

Vom Forum aus zieht sich bis zum Nordtor der ebenfalls säulengesäumte Cardo Maximus. Die Kolonnaden waren einst zugleich Aquädukte, über die Frischwasser in die Häuser geleitet wurde. Kurz hinter dem ehemaligen Spezialitätenmarkt für Fleisch und Fisch, dem **Macellum** Ⓔ und dem **Jerash Museum** Ⓕ (tgl. ca. 8.30–17 Uhr) stößt

man an der ersten Kreuzung auf Reste eines **Tetrapylons** Ⓖ, eines ursprünglich vierseitigen Torbau.

Die Querstraße, der Decumanus, ist ebenfalls mit Kolonnaden geschmückt. Folgt man dem Cardo, passiert man links erst die sogenannte **Kathedrale** Ⓗ aus dem 4. Jh., dann das **Nymphäum** Ⓘ, den einstigen zweistöckigen Prachtbrunnen der Stadt (191 n. Chr.).

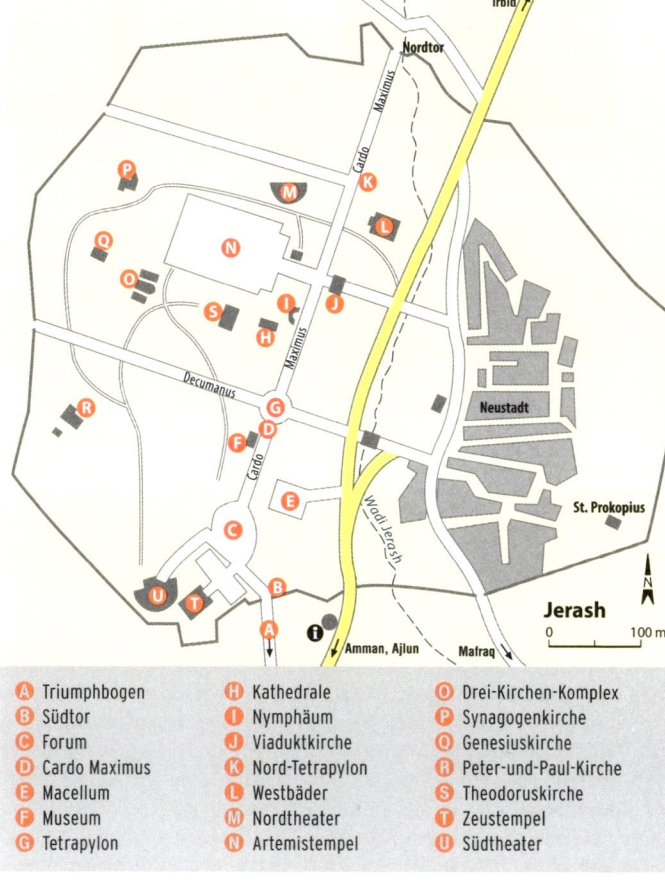

Ⓐ Triumphbogen	Ⓗ Kathedrale	Ⓞ Drei-Kirchen-Komplex
Ⓑ Südtor	Ⓘ Nymphäum	Ⓟ Synagogenkirche
Ⓒ Forum	Ⓙ Viaduktkirche	Ⓠ Genesiuskirche
Ⓓ Cardo Maximus	Ⓚ Nord-Tetrapylon	Ⓡ Peter-und-Paul-Kirche
Ⓔ Macellum	Ⓛ Westbäder	Ⓢ Theodoruskirche
Ⓕ Museum	Ⓜ Nordtheater	Ⓣ Zeustempel
Ⓖ Tetrapylon	Ⓝ Artemistempel	Ⓤ Südtheater

Der zu Ehren von Kaiser Hadrian errichtete Triumphbogen

Kurz danach, an der **Viadukt-kirche** ❶, steigt eine Treppe zu den Resten einer geweihten Straße empor. Sie führte einst über eine Brücke in den jenseits des Flusses Chrysorhoas gelegenen östlichen Stadtbezirk, über dem sich heute das moderne Jerash erhebt.

Weiter nordwärts erreicht man das nördliche Gegenstück zum Süd-Tetrapylon, den **Nord-Tetrapylon** ❻ und die **Westbäder** ❼.

WESTLICH DES CARDO

Nach der Besichtigung des Nord-tores und der jenseits der Stadtmau-er gelegenen Zisternen, die Gerasa einst mit Wasser versorgten, wan-dert man den Cardo zurück, zweigt kurz nach dem Nord-Tetrapylon nach rechts ab und erreicht, am **Nordtheater** ❽ vorbei, das größte Heiligtum der Stadt, den **Artemis-tempel** ❾. Ursprünglich war der

Tempel an drei Seiten von korinthi-schen Säulen eingefasst. Eine Reihe an der Vorderfront hat Erdbeben und Katastrophen getrotzt.

Westlich davon liegt der den Hei-ligen Cosmas und Damian, Georg sowie Johannes dem Täufer geweih-te **Drei-Kirchen-Komplex** ❿ (529 bis 533 n. Chr.), umgeben von der deutlich älteren, im Jahr 530 in ein jüdisches Gebetshaus umge-wandelten **Synagogenkirche** ⓟ sowie der **Genesius-** ⓠ, der **Peter-und-Paul-** ⓡ und schließlich der **Theoduskirche** ⓢ.

ZEUSTEMPEL UND SÜDTHEATER

Bevor man wieder zum Südtor ge-langt, sollte man vom Forum noch nach rechts zum **Zeustempel** ⓣ hinaufsteigen. Unmittelbar dane-ben verdient das vier- bis fünftau-send Zuschauer fassende **Südthe-ater** ⓤ nähere Beachtung.

HOTEL

Olive Branch Resort €

Das inmitten von Olivenhainen gelegene Resort mit Schwimmbad und großzügigen Zimmern könnte eine Renovierung vertragen, ist jedoch in Jerash konkurrenzlos. Auch Camping in eigenen oder Mietzelten.

• Guzn Al-Zaytoon Rd. | Jerash
  Tel. 02/634 05 55
  www.olivebranch.com.jo

RESTAURANTS

Lebanese House €€€

Gilt als eines der besten libanesischen Restaurants in Jordanien. Die vielfältigen *mezze* sind besonders empfehlenswert. Reservierung erforderlich. Anfahrt > **S. 71**

• Jerash
  Tel. 077/999 94 00
  www.lebanese-house.com

al-Khayyam Restaurant €

Geboten wird Standardküche mit Kebabs und gegrilltem Huhn zu günstigen Preisen.

• nahe dem alten Visitor Centre an der Hauptstraße | Jerash | Tel. 02/635 10 18

AJLUN 3 ▌ E4

In der lebendigen Marktstadt zeugt v. a. die über 600 Jahre alte Moschee von der Bedeutung des Ortes in islamischer Zeit. Die moderne Stadt liegt im Schatten der Burgruine des **Qala'at ar-Rabad.** Sie wurde um 1185 von Izz ad-Din Usama, einem Verwandten von Sultan Saladin, angelegt und unter den Mamelucken erweitert. Die Burg auf dem Jebel Auf überblickt drei als Verkehrswege wichtige Wadis, die in den Jordan entwässern, sowie weite Strecken des Jordantales selbst. Sie wurde zum Schutz der nahe gelegenen Eisenerzverhüttung angelegt, diente aber auch dazu, dem Vormarsch der Kreuzfahrer Einhalt zu gebieten. (April–Okt. tgl. 8–19, sonst bis 16 Uhr.)

Ein wunderbares Naturerlebnis verspricht der Aufenthalt im **Ajlun Nature Reserve.** Auf erfrischend kühlen 1200 Metern Seehöhe gelegen, laden markierte Wege zu botanischen Wanderungen durch das Waldschutzgebiet ein, auf Wunsch mit Führer. Obwohl das Reservat nur etwa 13 km² umfasst, ist in seinen Wäldern – meist immergrüne Eichen, daneben aber auch Pistazien-, Erdbeer-, Oliven- und Johannisbrotbäume – eine ganze Reihe größerer Säugetiere zu Hause. Hierzu zählen Wildschwein, Fuchs, Dachs, gestreifte Hyäne, Schakal und Wildkatze sowie das erfolgreich wieder ausgewilderte Rehwild.

Wer nicht nur ein paar Stunden, sondern mehrere Tage in dieser Landschaft wandern möchte, dem sei ein Teilstück des noch im Aufbau befindlichen Fernwanderwegs **Abraham Path** ans Herz gelegt, der in Nord-Süd-Richtung von Ajlun über Petra bis Aqabah durch Jordanien führt (www.abrahampath.org).

HOTEL

Ajlun Forest Lodge €€€

Skandinavisch anmutende Holzhäuser mit Veranden und angeschlossenen Bädern sowie sog. Cabins – Zelte mit festem Boden und richtigen Betten. April–Okt. Reservierung über die RSCN in Amman > **S. 60**.

• Tel. 02/647 56 72-73 | Ajlun Reserve
  www.rscn.org.jo

QUAYLBAH
(ABILA) 4 📗 E2

In der Nähe des Ortes, den schon in der frühen Bronzezeit (4. Jts. v. Chr.) Menschen besiedelten, legen Archäologen seit den 1980er-Jahren die Grundmauern der antiken Stadt Abila frei. Hauptfund auf dem nördlichen der beiden Stadthügel, dem Tell Abila, ist das Fundament einer dreischiffigen byzantinischen Basilika. Auf dem Hügel im Süden, dem Tell Umm al-Amad, steht eine weitere Basilika. Die Ausgrabungen brachten mosaikverzierte Böden und Wände hervor.

Zwischen den beiden Basiliken sind unten im Tal, dem Wadi Quaylbah, Überreste eines teilweise verschütteten römischen Theaters und von Wohnbauten erhalten. Folgt man dem Wadi Quaylbah nach Süden, liegt an der nach Osten weisenden Talflanke die römische Nekropole. In den Gräbern, die durch Gitter geschützt sind – der Wächter schließt Ihnen gerne auf –, kann man teils sehr gut erhaltene Fresken an den Wänden entdecken.

UMM QAYS
(GADARA) 5 📗 E2

Auf einem strategisch wichtigen Sattel – mit schönem Fernblick – liegt das Dorf Umm Qays mit den eindrucksvollen Ruinen der hellenistisch-römischen Stadt Gadara (tgl. 8 Uhr bis Sonnenuntergang). > mehr S. 17 Punkt 30

Seine historische Bedeutung verdankt der Ort seiner Lage an der Kreuzung wichtiger Handelswege, seinen Namen dem Römer Gnaeus Pompeius. Er hatte die Stadt 63 v. Chr. erobert und ausgebaut. In hellenistischer Zeit bereits ein Zentrum griechischer Kultur, brachte Gadara u. a. Satiriker wie Menippos oder Meleager hervor. Von Jesus berichten die Evangelisten, er habe nach seiner stürmischen Fahrt über den See Genezareth in diesem Gebiet zwei Besessene geheilt.

Als Mitglied der römischen Dekapolis verfügte Gadara über eine großstädtische Infrastruktur. Folgt man der Hauptstraße, dem säulengesäumten Decumanus Maximus, stößt man auf imposante Überreste: im Westen ein Hippodrom, ein Theater, ein Mausoleum und ein Wasserbecken, im Osten ein zweites Theater aus schwarzem Basalt für 2000 bis 3000 Zuschauer, daneben ein Innenhof mit schön dekorierten Sarkophagen und unweit davon die durch mehrere Säulen markierte Terrasse, auf der sich einst eine byzantinische Kirche über achteckigem Grundriss erhob.

Unmittelbar hinter dem Kirchenplatz zweigt eine antike Geschäftsstraße mit knapp zwei Dutzend überwölbten Ladenräumen ab. Gegenüber führt ein Feldweg zu einem stark zerstörten Mausoleum und zu den Becken eines spätantiken Bades. Die Hügel zu beiden Seiten dienten als Nekropolen. Interessant ist ein nach wie vor begehbarer, über 500 m langer Tunnel, einst Teil eines raffinierten Leitungssystems.

Zunächst verwirrend wirken die vielen Häuser aus spätosmanischer Zeit, die über dem Zentrum der antiken Stadt errichtet wurden. Einige wurden restauriert, darunter das Bayt Rusan, in dem heute das **Visitor Centre** und ein kleines **Museum** (tgl. 8–18 Uhr, Nov.–März 8–16 Uhr) untergebracht sind, und das **Bayt Malkawi,** in dem sich die deutschen Archäologen des Tell Zira'a eingerichtet haben.

RESTAURANT

Umm Qais Resthouse €€

In einem der restaurierten osmanischen Häuser genießt man arabische Köstlichkeiten aus regionalen Zutaten und einen grandiosen Blick zum See Genezareth und den Golanhöhen. In der Hochsaison unbedingt reservieren!

• Tel. 02/750 05 55 | Umm Qays
www.romero-jordan.com

MUKHAYBAH (AL-HAMMA) 6 D2

Zu jeder größeren römischen Stadt gehörten ausgedehnte Badkomplexe. Jene von Gadara lagen im Wadi Yarmuk und waren weltberühmt. Leider ist davon kaum etwas zu erahnen, wenn man ins Flusstal hinunterfährt. Eingeschlossen von den steil abfallenden Ufern liegt das moderne Dorf Mukhaybah etwa 200 m unter dem Meeresspiegel. Am Ufer zeugen Bananen und Palmen vom subtropischen Klima. Der bedeutendere Teil der römischen Ruinen liegt auf israelisch besetztem Territorium. Zu den wenigen Resten in Jordanien fährt man vorbei an der wenig einladenden modernen Badeanlage bis links ein dunkles Gebäude mit drei Kuppeln auftaucht.

Das hoch gelegene Umm Qais Resthouse begeistert mit arabischer Küche und Fernsicht

DAS JORDANTAL (AL-GHOR)

Die Flusssenke des Jordan wird in der Bibel die »Steppe von Moab« und bei den Arabern *Ghor,* »Senke«, genannt. Sie ist ein Teil des geologischen Grabenbruchs, der von der Beqa'a-Ebene im Libanon über den See Genezareth, das Tote und Rote Meer bis auf den afrikanischen Kontinent reicht und sich dort als Great Rift Valley fortsetzt. Der Jordan bildet seit der Antike die östliche Grenze der mediterranen Welt und seit 1967 die Demarkationslinie zwischen Jordanien und der von Israel besetzten Westbank.

Das am Unterlauf des Flusses rund 11 km, am Oberlauf knapp halb so breite Ostufer wird dank des subtropischen Klimas und seiner fruchtbaren Erde landwirtschaftlich intensiv genutzt: zum Anbau von Tomaten, Gurken, Bananen, Melonen und Zitrusfrüchten. Drei Ernten pro Jahr können eingebracht werden. Das dafür dringend benötigte Wasser bringt der sog. East-Ghor-Kanal vom Yarmuk. Mehr als 200 archäologische Stätten vor allem aus dem Neolithikum und der Bronzezeit zeugen von der frühen Bedeutung dieses seit jeher dicht besiedelten Landstrichs.

TELL ZIRA'A 7 D3

Strategisch günstig erhebt sich der Tell Zira'a oberhalb des Wadi al-Arab, durch das seit Urgedenken ein wichtiger Handelsweg von Ägypten nach Mesopotamien führte. Eine artesische Quelle bot gute Voraussetzungen für eine Besiedlung. Archäologen fanden denn auch Siedlungsspuren vom Paläolithikum bis in die islamische Zeit.

Bereits in der Spätbronzezeit (1550–1200 v. Chr.) befand sich auf dem Tell eine stark befestigte Stadtanlage. In den darauf folgenden

---

💬 DAS WASSER DES JORDAN

Die massiven Wasserprobleme, die der Nahe Osten in nicht allzu ferner Zukunft zu bewältigen haben wird, sind nicht nur in der Oase von Azraq › S. 85, sondern auch im Jordantal bereits deutlich zu spüren. Gegen den verheerenden Raubbau an der Natur durch Übernutzung der Wasserressourcen kämpft die paritätisch von Israelis, Palästinensern und Jordaniern geführte Nichtregierungsorganisation FoEME (Friends of the Earth Middle East; www.foeme.org) seit Jahren an. In mühseliger Überzeugungsarbeit werden landwirtschaftliche Kommunen aus den drei Ländern mit den Prinzipien eines sparsamen Wasserhaushaltes vertraut gemacht, denn es ist vor allem die intensive Landwirtschaft, mit der sich die hier lebenden Menschen buchstäblich selbst das Wasser abgraben. FoEME hat auch den **Sharhabil bin Hassneh Ecopark** D2 initiiert, ein Ökomusterprojekt am Ziglab-Stausee, ca. 30 km westlich von Irbid. › mehr S. 12 Punkt ❷

Blick vom Berg Nebo ins Jordantal an der Grenze zwischen Jordanien und Israel

Jahrhunderten änderte sich das Siedlungsbild mehrfach. Mit der Gründung des nur ca. 10 km Luftlinie entfernten Gadara in hellenistischer Zeit wurde der Tell komplett neu vermessen; es entstand eine nach hellenistischem Muster geplante Stadt, die in römischer Zeit weiter bestand. Mit einem Erdbeben im 8. Jh. endete die große Zeit der Stadt.

Der Tell Zira'a wird seit 2003 systematisch erforscht; Grabungen finden im Frühjahr und im August statt. Es ist interessant, den Archäologen bei der Arbeit zuzusehen und die bereits ausgegrabenen Ruinen zu besichtigen.

BUCHTIPP:

Dieter Vieweger und Claudia Vogt: **»Das Geheimnis des Tells. Eine archäologische Reise in den Orient«** (Arachne, 2011). Ein überaus anschaulich geschriebenes Buch, das sowohl die Technik einer Ausgrabung erklärt als auch eine Einführung in das Leben während der israelischen Königszeit sowie interessante Rekonstruktionszeichnungen bietet.

INFO

Informationen zum Tell Zira'a und zu den Ausgrabungsarbeiten gibt es auf der Internetseite des **Biblisch-Archäologischen Instituts Wuppertal (BAI)**: www.tallziraa.de

TAB'QAT FAHL (PELLA) 8 ▮ D3

Schon im Neolithikum hatten die Menschen die Vorzüge jenes geschützten Flecken Erdes am Wadi Djirm erkannt, der seit der Antike als Pella Berühmtheit genießt: Im Winter ist es hier nicht so unwirtlich kalt wie auf dem nahen Hochplateau, im heißen Sommer wiederum weht stets eine kühle Brise vom transjordanischen Hügelland herab. Vor allem aber spendet eine Quelle das ganze Jahr über, auch in der ärgsten Trockenzeit, frisches Was-

Säulenreihen zeugen von beeindruckenden Tempeln der einstigen Dekapolis-Stadt Pella

ser. Siedlungsspuren belegen die Nutzung der Quellen bereits seit dem 4. Jt. v. Chr.

In der Bronzezeit erwähnen ägyptische Texte den Ort noch unter dem älteren semitischen Namen Pihilum oder Pehel. Grabfunde belegen, dass hier damals Kanaaniter lebten. In hellenistischer Zeit kam die Siedlung, nachdem makedonische Eroberer sie in Gedenken an die Geburtsstadt Alexanders des Großen in Pella umgetauft hatten, unter die Kontrolle der Ptolemäer, später der Seleukiden und Makkabäer. Von Letzteren wurde sie 83 v. Chr. schließlich verwüstet.

Wenig später leitete der Römer Pompeius den Wiederaufbau ein und machte Pella zu einer Stadt der Dekapolis, zu der auch Gerasa, Gadara und Philadelphia (Amman) gehörten. Ihre Blüte erlebte die Stadt allerdings unter den Byzantinern. Im Januar des Jahres 635 kam es dann jedoch vor ihren Mauern zu einer folgenschweren Schlacht: Die von der Arabischen Halbinsel nordwärts stürmenden muslimischen Krieger besiegten eine mächtige byzantinische Armee. Dabei fanden schätzungsweise 80 000 Griechen den Tod. Zur Zeit der Ummaijaden wurde Fahl – so Pellas arabischer Name – durch ein schweres Erdbeben (747) erschüttert. Unter dem Ayyubiden Saladin und später unter den Mamelucken erholte es sich. Doch nach der osmanischen Invasion 1516 raubten die Steuereintreiber aus Istanbul der Stadt und dem Tal endgültig die ökonomische Grundlage. Pella geriet ins Abseits und blieb für 500 Jahre verlassen.

Im 19. und 20. Jh. diente die Ruinenstätte als Steinbruch. Im nahen Dorf Tab'qat Fahl findet man in vielen Häusern verbaute antike Kapitelle und Säulen.

Einen ersten Überblick über das sehenswerte Ruinengelände verschafft man sich am besten vom Resthouse aus: Gen Westen befinden sich auf einem flachen Hügelrücken, dem Khirbat Fahl, die spärlichen Reste einer **mameluckischen**

Moschee und eines **kanaanitischen Tempels.** An der äußersten westlichen Spitze jenes Hügels stehen noch drei Säulen der einst monumentalen **Westbasilika,** während sich vor der mameluckischen Moschee neben den Fundamenten des römischen **Stadttors** erhaltene Siedlungsspuren der Ummaijaden bewundern lassen. Südlich vom Resthouse erstrecken sich das **Nymphäum** und die sog. **Ostbasilika.**

Zu Füßen des Resthouses, im Wadi Djirm al-Mawz, lag das eigentliche Stadtzentrum von Pella. Hier erblickt man Reste mehrerer **Tempel,** einer **Säulenstraße,** eines **Odeons** und einer dreischiffigen **Basilika** aus römischer und byzantinischer Zeit. Gen Süden liegt der Jebel al-Husn. Auf seinem Gipfel erheben sich das **byzantinische Fort** und ein **römischer Tempel,** an seinen Abhängen begruben die Bewohner Pellas ihre Toten.

Das Gelände ist tgl. 8–18 Uhr geöffnet, der Eintritt frei (falls der Haupteingang geschlossen ist, Zugang vom Resthouse aus).

Ein reizvoller Ausflug im Auto führt knapp 20 km hügelaufwärts über das Dorf Baid Idis zur sogenannten **Jesushöhle,** in Arabisch Kahf il-Messih. In ihr soll Christus, – so die ungesicherte Legende –, bevor er sich von Johannes im Jordan taufen ließ, mehrere Tage verbracht haben. Sehenswert ist die zugehörige, gut erhaltene Ölmühle. Zu Fuß in ca. 30 Min. erricht man die frei zugänglichen Resten einer frühchristlichen Kirche, in der Jesus gepredigt haben soll.

HOTELS

Beit al Fanan €€
Schmuckes Bed & Breakfast mit schöner Aussicht und tollem, liebevoll bereitetem Biofrühstück.
• Pella | Tel. 077/666 7660
www.barakadestinations.com

Pella Countryside Hotel €
Das einfache Hotel mit nur sieben geräumigen Zimmern bietet viel Lokalkolorit und einen wundervollen Blick auf die Ruinen. Der Besitzer, Deeb Hussein, organisiert Picknicks und Ausflüge. Außerdem serviert er Köstlichkeiten im hauseigenen Restaurant. Rechtzeitig reservieren!
• Tab'qat Fahl | Tel. 079/876 90 34
www.pellacountrysidehotel.com

DEIR ALLA 9 D4 UND TELL ES-SAIDIYEH 10 D3

Eine der wenigen größeren Ortschaften am Jordan ist **Deir Alla** (»Hohes Kloster«). Auf einem ca. 30 m hohen *tell* (Hügel) fanden Archäologen Siedlungsreste, die sie dem biblischen Ort Sukkot zuordnen. Dazu gehören Reste eines offenen Heiligtums aus der Mittleren Bronzezeit (ca. 1500 v. Chr.). Fast interessanter als der Rundgang über den Hügel ist ein Besuch des kleinen **Museums,** das Funde aus der Umgebung präsentiert (Sa–Do 8–13, 14–17 Uhr, Eintritt frei).

Für Laien vermutlich sehenswerter ist der ein wenig weiter nördlich gelegene Siedlungshügel **Tell es-Saidiyeh** wegen einer aus der Eisenzeit stammenden, teilweise erhaltenen Treppe, die an seinem Nordhang mit 125 Stufen zu einer Quelle hinabführt.

DIE WÜSTE IM OSTEN

Das haschemitische Königreich zeigt mitten in der Wüste Flagge

Östlich von Amman erstreckt sich eine scheinbar unendliche, aber auch unwirtliche Wüstenlandschaft. In der Einsamkeit verstreut liegen die Überreste der ummaijadischen Wüstenschlösser und die wasserreiche Oase Azraq.

Die Badiyah, die weite Wüste östlich von Amman, besteht aus drei unterschiedlichen Wüstenlandschaften: Den Nordosten prägen die schwarzen Lavaeinöden, die Ausläufer des Jebel Hawran auf syrischem Boden. Die endlos flachen Ebenen sind übersät mit dunklem, sonnenverbranntem Kalkstein und Feuerstein. Und am Wadi Sirhan entlang zieht sich ein Streifen Sandwüste, der im Südosten weit bis nach Saudi-Arabien hineinreicht.

Dort, wo diese drei Wüsten zusammentreffen, befindet sich die **Oase Azraq** – das arabische Wort bedeutet schlicht »blau«. Sie wird durch ein komplexes Netz von unterirdischen Wasserzuflüssen versorgt, die aus der Gegend des Hawran kommen. Dieses Wasser benötigt fast fünfzig Jahre für die Strecke nach Azraq. Um Azraq herum erstreckt sich der aus Schwemmsand bestehende Qa'a al-Azraq, unter dem eine dicke Salzkruste lagert, die industriell abgebaut wird.

In der Einsamkeit der Badiyah verstreut liegen die sogenannten **Wüstenschlösser.** Fast surreal wirken die Karawansereien, Jagdschlösschen und Fortanlagen in der flimmernden Gleichförmigkeit am Rande der Asphaltstraße. Schon die Römer hatten in dieser entlegenen Gegend zum Schutz der Provincia Arabia eine Kette von Kastellen errichtet. Auch Karawansereien und Klöster waren hier bereits lange vor dem Aufkommen des Islam entstanden. Doch in ihrer heutigen Form gehen die größtenteils erstaunlich gut erhaltenen Wüstenschlösser auf das späte 7. und frühe 8. Jahrhundert zurück. Ihre Bauherren waren die Ummaijaden, die in Damaskus residierende erste Kalifendynastie.

In ihrem Architekturbild unterscheiden sich die Bauten stark voneinander. Gemein sind ihnen aber bestimmte Elemente wie ein besonders betontes Eingangsportal, ein zentraler Hof, die daran anschließenden Wohneinheiten aus mindestens fünf Räumen, eine Audienzhalle, ein prächtig ausgestattetes Bad und eine Moschee.

Eine willkommene Unterbrechung auf der langen Schleife durch die sehr gut von Amman aus zu bereisende Wüstenlandschaft bieten die beiden von der Royal Society for The Conservation of Nature (RSCN) betreuten Naturreservate bei Shawmari und in Azraq. Während man sich im **Shawmari Reserve** vor allem um die Auswilderung der Oryxantilope und anderer Wüstentierarten bemüht, stehen in den **Azraq Wetlands** die Zugvögel im Mittelpunkt, die diese Oase seit Jahrtausenden als willkommenen Zwischenstopp nutzen.

TOUR IN DER REGION

ZU DEN WÜSTEN-SCHLÖSSERN

ROUTE: Amman › Qasr al-Mushatta › Qasr Kharana › Qusair Amra › Azraq › Hammam as-Sarah › Qasr al-Hallabat › Umm el-Jimal › Amman

KARTE: Seite 87
LÄNGE: 2 Tage/ca. 370 km
PRAKTISCHE HINWEISE:
- Für diese Tour benötigt man einen Mietwagen.
- Eine Vorabbuchung der RSCN-Lodge in Azraq › S. 91 ist unbedingt empfehlenswert.
- Für Qasr al-Kharana, Qusair Amra und Qasr Azraq ist nur ein Ticket (3 JD) nötig.
- Viele Hotels in Amman organisieren Tagestouren zu den wichtigsten Wüstenschlössern (Kharana, Amra, Azraq, Hallabat).

TOUR-START:

Zunächst fährt man aus **Amman** hinaus gen Süden bis zum Flughafen. Dort muss man allerdings umdrehen und wieder 4 km nach Norden Richtung Amman zurückfahren. Vor einer weiß gestrichenen Moschee, an der Abzweigung zum »Jordan Traffic Institute«, biegt man rechts ab und folgt den Schildern »Air Cargo« noch bis über die alte Trasse der Hidjaz-Bahn hinaus. Nach 7,4 km erreicht man dann die Ruinen des **Qasr al-Mushatta** [1] › S. 88. Sie befinden sich auf der linken Seite, rechter Hand ist ein militärischer Checkpoint des Flughafens zu erkennen.

Auf demselben Weg gelangt man wieder zurück, indem man den Schildern nach Zarqa folgt. Später orientiert man sich an den Hinweisen zu den »Desert castles«. Von der Ortschaft Sahab aus sind es noch 51 km bis zum **Qasr al-Kharana** [2] › S. 88, einem geradezu mustergültigen Wüstenschloss, das sich rechts der Straße in der Einsamkeit erhebt.

Das »rote Schlösschen«, das **Qusair Amra** [3] › S. 89, ist das nächste und sicher prächtigste Gebäude im Verlauf dieser Tour. Es liegt etwa 16 km vom Qasr Kharana entfernt und ein Stück nördlich vom Highway.

Um die Mittagszeit sollten Sie **Azraq** [4] › S. 90 erreicht haben. Hier bietet die Azraq Lodge, die IHnen später auch als Nachtquartier dient, die beste Option für ein Mittagessen (Vorbestellung erforderlich). Am Nachmittag widmen Sie sich der Besichtigung des Qasr al-Azraq und erkunden das Azraq Wetland Reserve › S. 90 auf dem Marsh Trail. Alternativ kann man sich in Azraq einen Geländewagen mit Fahrer für die Erkundung der römischen Ruinen des Qasr Usaykhim mieten.

Am zweiten Tag nimmt man – vielleicht nach einer frühmorgendlichen Vogelbeobachtung im Azraq Wetland Reserve – den 7 km hinter Azraq abzweigenden Highway 30 Richtung Zarqa. Nach ca. 48 km biegt rechts die Strecke zum Hammam as-Sarah und zum **Qasr al-Hallabat** 5 › S. 91 ab.

Folgt man der Route weiter in nordwestlicher Richtung, erreicht man eine Straße, die rechts nach Mafraq führt. Da es in der weiten Umgebung keine Restaurants gibt, bietet sich ein Stopp im ansonsten eher uninteressanten Mafraq an. Hier findet man Adressen zum Essen aber auch zum Einkaufen. Wer möchte kann sich für ein Picknick eindecken. Ein ideales Plätzchen dazu findet man in den Ruinen von **Umm el-Jimal** 6 › S. 92. Diese liegen etwa 15 km südöstlich des Ortes. Nach der Besichtigung kehrt man über Mafraq wieder nach **Amman** zurück.

TOUR IM OSTEN

TOUR 4

ZU DEN WÜSTENSCHLÖSSERN

Amman › Qasr al-Mushatta › Qasr Kharana › Qusair Amra › Azraq › Hammam as-Sarah › Qasr al-Hallabat › Umm el-Jimal › Amman

UNTERWEGS IN DER REGION

QASR
AL-MUSHATTA 1 ▮ F7

Die Seitenlänge der quadratischen Anlage beträgt gewaltige 144 m. Nicht minder eindrucksvoll war ihr Außendekor – wohlgemerkt »war«, denn 1903 machte der osmanische Sultan Abdul Hamid seinem Freund Kaiser Wilhelm II. einen Großteil der berühmten Südfassade zum großzügigen Geschenk (heute im Pergamonmuseum Berlin). Seither schmücken nur noch Bruchstücke von Stuckornamenten das Eingangstor. Bei einem Rundgang fallen viele unfertige Werkstücke auf: Diese und die unvollendeten Mauern im Inneren weisen darauf hin, dass die Arbeiten an dieser Anlage nie abgeschlossen wurden (bei Tageslicht frei zugänglich).

Es wird vermutet, dass der extravagante Kalif Walid II. für diesen Bau verantwortlich ist. Er hatte auch das riesige, abgelegene Qasr at-Tuba, das nur per Geländewagen erreichbar ist, errichten lassen.

QASR
AL-KHARANA 2 ▮ H7

Inmitten einer baumlosen Senke erhebt sich das Qasr al-Kharana. Es misst bloß 350 m², wirkt aber dennoch ungemein wuchtig und kompakt, da die Außenmauern nur über schmale Lichtschlitze verfügen. Zudem sind die vier Ecken von kreisrunden und die Längsfronten von halbrunden Türmen verstärkt.

Die zwei Stockwerke sind in ihrem Inneren räumlich ähnlich gegliedert. Das untere diente einst teilweise als Stallung, das äußerst reich und vielfältig dekorierte obere als Wohnraum. Vom Dach genießt man einen großartigen Blick auf die Wüste. Die Funktion des Qasr al-Kharana ist nicht endgültig geklärt. Der große Stallbereich deutet auf

---

💬 LUXUS PUR

Die Wüstenschlösser waren einst üppig mit Stukkaturen und Fresken, Marmorböden und -wänden sowie Mosaiken ausgestattet, besaßen luftige Audienzhallen und vielräumige Bäder nach römischem Muster – Oasen des Luxus in einer lebensfeindlichen und wasserlosen Ödnis. Welchem Zweck die Schlösser dienten, darüber stritten und streiten die Forscher nach wie vor. Insbesondere die Fresken des Qusair Amra stützen die Theorie, dass diese Repräsentationsbauten der Selbstdarstellung der Kalifen in einer Umwelt, die noch weitgehend durch nomadische Lebensgewohnheiten geprägt war, dienten, und den Kalifen so die Unterstützung ihrer wichtigsten Klientel sicherte.

Im Wüstenschloss Qasr Azraq hinterließ schon Lawrence von Arabien seine Spuren

eine Karawanserei hin, jedoch fehlen ausreichende Brunnen oder Zisternen. Die prächtige Audienzhalle weist auf eine eher repräsentative Rolle hin (Ungefähre Öffnungszeiten: Mai–Sept. 8–18, Okt.–April 8 bis 16 Uhr; Ticket, 3 JD, gilt auch für Qusair Amra und Qasr Azraq).

QUSAIR AMRA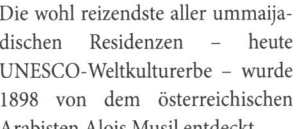

Die wohl reizendste aller ummaijadischen Residenzen – heute UNESCO-Weltkulturerbe – wurde 1898 von dem österreichischen Arabisten Alois Musil entdeckt.

Das »rote Palästchen« ist das Relikt eines viel größeren Gebäudekomplexes, der wahrscheinlich auch eine Festung und Wohnanlagen umfasste. Man nimmt an, dass Kalif Walid I. die Anlage zwischen 705 und 715 errichten ließ. Ihre überragende kunsthistorische Bedeutung verdankt sie den Fresken – Bildern von Jagdszenen, Liebespaaren, Musikanten, halbnackten Tänzerinnen und auch Handwerkern – mit denen ein Großteil des Inneren bedeckt war und teilweise noch ist.

Besonders eindrucksvoll sind, neben dem Porträt des Kalifen im reich dekorierten Thronsaal, die Darstellungen in der Audienzhalle. Die Westwand wird vom Bild der großen, von ihrem Hofstaat beobachteten Badenden dominiert. Daran anschließend sind sechs Herrscher zu sehen, darunter Cäsar, als Personifizierung des byzantinischen Reiches, Roderich, der letzte Westgotenkönig, der letzte Sassanidenherrscher Chosrau und der Negus (König) von Äthiopien. Sie sollen wohl die »Familie der bedeutenden Könige« symbolisieren, der sich Walid zugehörig empfand. (Ungefähre Öffnungszeiten: Mai bis Sept. 8–18, Okt.–April 8–16 Uhr.)

AZRAQ 4 ⭐ ▌J6

In der Oase trifft die Sandwüste des Wadi Sirhan auf die Basalt-Öd-flächen der Ausläufer des Hawran. Hier kreuzen sich seit alters die Karawanenrouten, bot die Oase doch die einzigen sicheren Wasser-vorkommen in einem Umkreis von sagenhaften 30 000 km². Generationen von Beduinen galt Azraq als irdisches Paradies.

Die Oase ist zweigeteilt: **Azraq ash-Shimali** im Norden ist mehr-heitlich von Drusen bewohnt, wäh-rend im Süden, in **Azraq al-Djanu-bi,** Tscherkessen siedeln.

QASR AZRAQ ▌J6

Im Herzen der Oase erhebt sich die mächtige, aus Lavagestein erbaute Burg Qasr Azraq. Ihr Vorgängerbau stammte aus der Zeit des Septimius Severus. Im 8. Jh. wandelten die Ummaijaden das Kastell in ein Schloss um. Rund 500 Jahre später setzte ein ajjubidischer Statthalter namens Izz ad-Din Aybak die ver-fallene Festung wieder instand, um sie im Kampf gegen die »Franken« zu nutzen. Letzer militärischer Gast auf Azraq war Lawrence von Arabi-en. Er richtete hier sein Hauptquar-tier ein und verbrachte in dem Raum über dem Haupttor erbärm-lich frierend den Winter 1917/18. (Ungefähre Öffnungszeiten: Mai bis Sept. 8–18, Okt.–April 8–16 Uhr.)

AZRAQ WETLAND RESERVE ▌J6

In dem südlich von Azraq gelege-nen Schutzgebiet bedeckten vor fünf Jahrzehnten die Sümpfe und

Wildesel und Oryxantilopen im Shawmari Wildlife Reserve

Tümpel noch über 10 km². Seither sind die Wasserflächen dramatisch geschrumpft. Besucher finden nur noch einzelne Wasserstellen, in denen es von Fischen wimmelt und an deren Ufern wilde Pferde und Wasserbüffel weiden. Immer mehr Wasser wird zur Versorgung Ammans bzw. der Landwirtschaft abgepumpt. Von den einst rund 300 Vogelarten sind 95 % bereits zum See Genezareth abgewandert. Die meisten (Zug-)Vögel sind im Winter (Dez.–Febr.) und im Frühjahr (Mitte März–Ende April) zu beobachten.

Das Wetland Reserve erkundet man am besten bei einer Wanderung auf dem **Marsh Trail,** der über 1,5 km durch die Sümpfe führt, vorbei an einigen Unterständen für die Vogelbeobachtung, einer Plattform oberhalb der Shishan-Quelle und vermutlich römischen Mauerresten aus schwarzem Basaltgestein (9–18, im Winter bis 16 Uhr).

SHAWMARI WILDLIFE RESERVE 🔖 J5

Wie vielfältig die Fauna rund um Azraq einst gewesen sein muss, veranschaulicht ein Besuch im Shawmari-Reservat. Das etwa 15 km südlich von Azraq al-Djanubi gelegene Schutzgebiet wurde 1975 von der RSCN eingerichtet, um in Jordanien ausgestorbene oder bedrohte Arten nachzuzüchten. Die Erfolge sind beachtlich: In dem 22 km² großen Gehege tummeln sich Gazellen, Strauße, Wildesel und, Stolz der Verantwortlichen, eine Herde Oryxantilopen.

Die Infrastruktur des Reserve wurde renoviert, sein Visitor Centre erweitert. Außerdem steht zur Tierbeobachtung ein Aussichtsturm zur Verfügung, Die Azraq Lodge organisiert auch Safaris im Reservat ›mehr S. 12 Punkt ❻

HOTEL

Azraq Lodge €€
Untergebracht in einem ehemaligen britischen Militärhospital aus den 1940er-Jahren, bietet die Lodge eine kolonial anmutende, aber sehr entspannte Atmosphäre. Die 16 geräumigen Zimmer mit Terrasse sind mit Dusche und WC ausgestattet. In der angeschlossenen Werkstatt kann man lokal produzierte Waren erwerben.
• Azraq al-Djanubi
  Tel. 05/383 50 17
  www.wildjordan.com

RESTAURANTS

Eine Reihe preiswerter, schlicht eingerichteter Restaurants findet sich an der südlich aus Azraq al-Djanubi hinausführenden Straße, dem Al-Badiyah-Highway (30), darunter das Riyadh, Rice oder Abu Ziad

QASR AL-HALLABAT 🔖5 🔖 G5 UND HAMMAM AS-SARAH 🔖 G5

Die Mauern des **Qasr al-Hallabat** fußen auf dem Fundament eines römischen Kastells mit quadratischem Grundriss. Zur Zeit Caracallas wurde das Kastell aus hellem Kalkstein errichtet und später zweimal erweitert. Es diente dazu, die Grenze gegen die Parther zu verteidigen. In byzantinischer Zeit war es kurzfristig ein Kloster. Nach der Invasion der Perser wurde es verlassen und schließlich von den Ummaijaden zwischen 709 und 743 in einen dreistöckigen Palast mit vier Türmen umgebaut. Die Ruine der Moschee und das Bewässerungssystem stammen ebenfalls aus dieser Zeit.

Nur 2 km weiter östlich liegt an einer asphaltierten Straße das Badeschlösschen **Hammam as-Sarah,** Teil eines nur noch in Resten erhaltenen Kalksteinkomplexes. Es wurde allerdings komplett rekonstruiert: Zu erkennen sind die Kanäle und Röhren für Heißwasser und Dampf, das Warmwasserbad sowie der Abkühlraum (bei Tageslicht, freier Eintritt).

UMM EL-JIMAL ⑥ ▮ G4

Selten wurde eine Stadt auf einen so passenden Namen – »Mutter der Kamele« – getauft: Ganz in der Nähe kreuzten sich in der Antike die Handelsrouten aus dem Gebiet der heutigen Staaten Jordanien, Syrien und Irak. Die Stadt bot sich Karawanen als idealer Rastplatz auf dem Weg durch die Lavawüste an, zumal es ihre Einwohner perfekt verstanden, das Wasser der winterlichen Regenfälle mittels vieler kleiner Dämme in riesigen Zisternen zu sammeln und zu speichern. Umm el-Jimal war eine Gründung der Nabatäer, die als wahre Meister im Bau komplizierter Wasserversorgungssysteme gelten.

Thantia, wie die Stadt wohl unter römischer Herrschaft hieß, liegt am südlichen Rand des Hawran, der südsyrischen, von Drusen bewohnten Basaltebene. Dem schwarzen Vulkangestein, aus dem die Stadt erbaut ist, verdankt sie ihren guten Erhaltungszustand. Aus Mangel an Holz hatte man in ihrer Blüte, der byzantinischen Zeit, nicht nur Wände und Decken der Häuser und insgesamt 15 Kirchen, sondern auch deren Türen aus dem sehr widerstandsfähigen Gestein hergestellt.

Mit der Grandezza der Zentren der Dekapolis kann sich Umm el-Jimal aber nicht messen. Es war nie mehr als ein mittelständischer Markt und Handelsknotenpunkt.

Die Besichtigung beginnt am besten beim **Südwesttor** Ⓐ, einem der insgesamt sieben Tore, mit denen die Römer ihre im 2. Jh. erbaute Stadtmauer versahen. Rechts stehen die gut erhaltenen **Wohnhäuser** Ⓑ. Links eröffnet die **Südwestkirche** Ⓒ den Reigen mehr oder weniger erhaltener Kirchenruinen. Er setzt sich fort in der **Numerianoskirche** Ⓓ, der 557 erbauten **Kathedrale** Ⓔ, der **West-** Ⓕ, der nach ihrem Schöpfer benannten **Claudius-** Ⓖ, der **Julianus-** Ⓗ, **Nordost-** Ⓘ, **Doppel-** Ⓙ und **Masechos-** Ⓚ und endet mit der **Südostkirche** Ⓛ. An diese Kirche grenzt der sogenannte **Gouverneurspalast** Ⓜ.

Weitere Profanbauten sind die römische **Kaserne** Ⓝ, das **Prätorium** Ⓞ und die Gruppe von **Wohnhäusern** Ⓟ, an denen man die beim Bau von Dächern aus flachen Basaltsteinen angewandte Kragsteintechnik erkennen kann (bei Tageslicht, freier Eintritt).

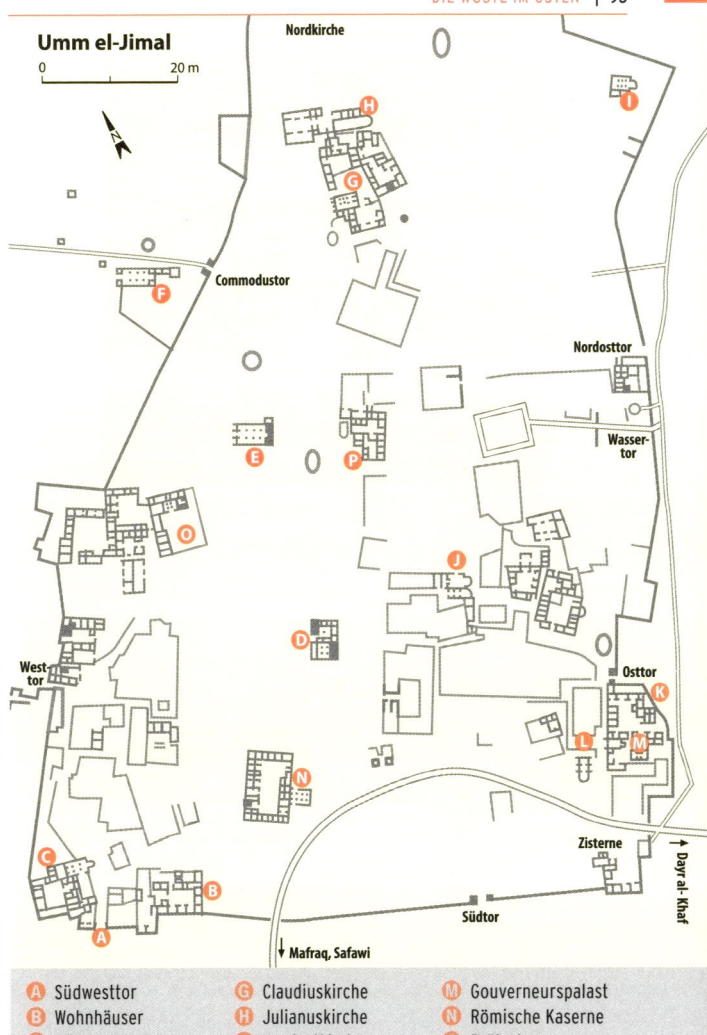

Umm el-Jimal

0   20 m

Nordkirche

Commodustor

Nordosttor

Wasser-
tor

West-
tor

Osttor

Zisterne

Süd tor

→ Dayr al-Khaf

↓ Mafraq, Safawi

A Südwesttor
B Wohnhäuser
C Südwestkirche
D Numerianoskirche
E Kathedrale
F Westkirche

G Claudiuskirche
H Julianuskirche
I Nordostkirche
J Doppelkirche
K Masechoskirche
L Südostkirche

M Gouverneurspalast
N Römische Kaserne
O Prätorium
P Wohnhäuser

TOTES MEER & STRASSE DER KÖNIGE

So menschenleer sind die Strände
am Toten Meer selten

Ein Bad im Toten Meer muss sein – darum kommen Touristen in Jordanien nicht herum. Und einige der bekanntesten Attraktionen liegen an der durch das südliche Hochland führenden biblisch-historischen Straße der Könige.

Etwa eine Autostunde von Amman entfernt, im Grenzland zwischen Jordanien, Israel und Westjordanland, liegt das **Tote Meer,** arabisch Bahr al-Lut (Meer des Lot), der tiefste Punkt der Erdoberfläche. Mehrere Wadis und der Jordan speisen das Meer mit Frischwasser; einen Abfluss hat es nicht. Aufgrund der hohen Lufttemperatur verdunsten täglich über 10 Mio. Tonnen Wasser. Zurück bleibt ein Gemisch aus Salz und Mineralien nahe dem Sättigungspunkt, das Wasser ist leicht klebrig und milchig. Wer im Toten Meer badet, geht nicht unter – ein einmaliges Erlebnis! In den Hotels am Nordostufer des Meeres kann man in luxuriösen Spas die heilkräftige Wirkung von Wasser und Schlamm genießen.

Die **Straße der Könige** (Königsweg, King's Highway) wird bereits in der Genesis als Heerstraße durch das jordanische Hochland beschrieben. Vielfach mäandrierend windet sie sich durch einige der schönsten Orte und Regionen des Landes. Das schmale Band der heutigen Landstraße folgt der Kontur der Berge, die zum Toten Meer und zum Wadi Arabah hin abfallen. Tiefe Einschnitte wie das Wadi Mujib erfordern mitunter weite Umwege in Richtung Wüste.

Der Patriarch Abraham – den Juden, Christen und Muslimen gleichermaßen als Heiligen verehren – nutzte die Straße auf seinem Zug von Mesopotamien nach Kanaan. Über Jahrtausende war die vom syrischen Resafa bis ins ägyptische Memphis verlaufende Heeres-, Pilger- und Handelsroute eine der wichtigsten Verkehrsadern im Nahen Osten. Die Nabatäer transportierten auf dieser Route ihre Waren von Petra aus in den Norden und bis nach Syrien. Nachdem die Römer das Land annektiert hatten, baute Traian die Verbindung – nun Via Nova Traiana genannt – für den Verkehr zwischen Busra (Syrien) und Aqabah aufwendig aus. Später zogen auf der Straße christliche Pilger ins Heilige Land. Auch für die Kreuzfahrer war der Königsweg wichtig, verband er doch die Burgen in Kerak, Shawbak, Petra und Aqabah im damals Oultrejourdain genannten Land.

Seit dem 7. Jh. nutzen muslimische Pilger die Straße der Könige zur *hadj* (Pilgerfahrt nach Mekka). Ab dem 16. Jh. bauten die Osmanen den parallel zum Tariq al-Muluk (Straße der Könige) in der Wüste verlaufenden Tariq al-Bint (Straße des Mädchens) aus. Der Königsweg verlor seine Bedeutung als Handelsroute. Sowohl die alte Trasse der Hidjaz-Bahn als auch der moderne Desert Highway folgen im Prinzip dem Tariq al-Bint.

TOUREN IN DER REGION

DANA NATURE RESERVE: WADI DANA TRAIL

ROUTE: Dana Guesthouse › Feinan
(› Dana)

KARTE: Seite 97
LÄNGE: 14 km; mit Feinan Copper
Mine Trail 17 km; 5–6 Std.
PRAKTISCHE HINWEISE:
- Die über rund 1200 Höhenmeter
  stetig bergab führende Tour kann
  man mit oder ohne lokalen Guide
  laufen.
- Wichtig ist, einen Rücktransport
  zu organisieren (z. B. durch die
  RSCN › S. 60). Alternativ kann
  man auch in der Feinan Lodge
  › S. 114 übernachten (unbedingt
  reservieren!).
- Festes Schuhwerk ist obligatorisch, in den Rucksack gehören
  unbedingt ein effektiver Sonnenschutz und mindestens 2 l Trinkwasser. Es kann sehr heiß werden,
  Schatten ist rar!

TOUR-START:
Der Wanderweg durch das Wadi
Dana beginnt am **Dana Guesthouse** › S. 114, führt von ca. 1500 m
auf 300 m ü. NN hinunter und endet an der Feinan Lodge. Aufgrund
des großen Höhenunterschiedes

durchquert man während der Wanderung fünf verschiedene Vegetationszonen. Hat man einen Guide
dabei, erfährt man Wissenswertes
über Flora und Fauna – etwa 700
Pflanzen-, 200 Vogel- und 36 Säugetierarten sind hier heimisch. Im
oberen Bereich begleiten heller
Sandstein und grüne Gärten die
Wanderer. Je weiter man ins Tal hin-
absteigt, desto dunkler wird das Gestein, wüstenhafter die Vegetation.

In **Feinan** › S. 113 angekommen,
bietet sich ein weiterer, sehr lohnen-
der Wanderweg an: der Feinan Copper Mine Trail (Juli/Aug. geschlossen). Auf dem 3 km langen Rundweg
passiert man antike Kupferminen,
Ruinen byzantinischer Kirchen und
einen römischen Turm.

WADI MUJIB NATURE RESERVE: MALAQI TRAIL

ROUTE: Wadi Mujib Visitor Centre ›
Wadi Mujib › Wadi Mujib Visitor
Centre

KARTE: Seite 97
LÄNGE: 6–8 Stunden
PRAKTISCHE HINWEISE:
- Auf dem sog. *wet trail* werden eini-
  ge Abschnitte schwimmend und
  kletternd zurückgelegt. Man sollte

eine gute Kondition mitbringen und keine Höhenangst haben. Rettungswesten werden gestellt, Badesachen, Handtuch, wassertaugliche Schuhe und eine wasserdichte Tasche für Kamera und Wertsachen sollte man dabeihaben.

• Offen 11. April– 31. Oktober, Guide obligatorisch. (Reservierung über RSCN ▶ S. 60)

TOUR-START:

Die Tour beginnt am **Visitor Centre** ▶ S. 102 gleich hinter der Brücke über das Wadi Mujib am Toten Meer. Zunächst geht es am Ufer etwa 3 km nach Süden, bevor man mit dem steilen, etwa 2-stündigen Anstieg in die Berge beginnt. Durch eine Landschaft aus hellen Steinbuckeln führt die Route stetig bergauf und bergab im Bogen zurück zum Wadi Mujib. Im klaren Wasser tummeln sich kleine Fische und Frösche, im dichten Schilf leben Amphibien und viele Vögel. Es geht nun beständig bergauf bis zum Zusammenfluss des Mujib mit dem Hidan. Hier ist Zeit für eine Pause zum Ausruhen oder zum Baden in den natürlichen Pools. Nun ist es nicht mehr weit bis zum spannendsten Abschnitt: Um in die Mujib-Schlucht hinabzugelangen, muss ein etwa 20 m hoher Wasserfall per Abseilen überwunden werden. Die restliche Strecke (etwa 1 Std.) legt man am oder im Wasser laufend und schwimmend zurück – zwischen den steil aufragenden Wänden der engen Mujib-Schlucht.

TOUREN TOTES MEER & STRASSE DER KÖNIGE

TOUR ❺

DANA NATURE RESERVE: WADI DANA TRAIL

Dana Guesthouse ▶ Feinan (▶ Dana Guest House)

TOUR ❻

WADI MUJIB NATURE RESERVE: MALAQI TRAIL

Wadi Mujib Visitor Centre ▶ Wadi Mujib ▶ Wadi Mujib Visitor Centre

UNTERWEGS AM TOTEN MEER

TOTES MEER  D7/8

Das Tote Meer – eigentlich ein abflussloser Salzsee – ist der tiefste Punkt der Erdoberfläche, je nach Jahreszeit liegt der Wasserstand auf etwa 400 m unter dem Meeresspiegel. Sowohl in der Bibel als auch im Koran spielt das Tote Meer eine wichtige Rolle: Nach der Genesis wurden die »Fünf Städte der Ebene« – Sodom, Gomorrha, Admah, Zeboiim und Zoar – von Gott zerstört, möglicherweise datiert das Ereignis auf etwa 2300 v. Chr.

Das abflusslose Gewässer wird vom Jordan und aus mehreren Wadis gespeist. Doch aufgrund der intensiven Landwirtschaft im Jordantal fließen heute nicht einmal mehr 10% der einstigen Wassermassen ins Tote Meer. Die Industrieanlagen zur Pottaschegewinnung im Süden beschleunigen den Verdunstungsprozess. Die Folgen sind dramatisch: Der Wasserspiegel sinkt derzeit um etwa einen Meter pro Jahr, und deshalb ist die Uferlinie inzwischen um fast 30 m »gewandert«. Der Mineraliengehalt ist in den letzten Jahren von 30 % auf 33 % gestiegen. Etliche Pläne zur Erhöhung des Wasserspiegels wurden bereits geschmiedet und wieder verworfen.

Viele Besucher versprechen sich durch Bäder und Schlammpackungen eine Linderung von Hautkrankheiten, andere erfreuen sich einfach daran, dass man aufgrund des hohen Salzgehaltes im Wasser treibt, ohne auch nur Hände und Füße unter Wasser halten zu können. Die besten Tageszeiten für ein Bad sind der Vor- und der späte Nachmittag. Am Wochenende (Fr/Sa) herrscht reger Betrieb.

> ### 💬 BADEN IM TOTEN MEER
>
> Ein Badeerlebnis der speziellen Art ist es, in die Fluten des Toten Meeres zu steigen. Denn der extrem hohe Salzgehalt verschafft dem Körper weit mehr Auftrieb als im gewöhnlichen Meerwasser. Schwimmen ist unmöglich, doch kann man sich ohne die geringste Anstrengung auf dem Rücken treiben lassen und dabei – für den obligatorischen Schnappschuss – sogar Zeitung lesen. Verpassen Sie sich am Meeresufer eine Packung aus dem mineralienhaltigen, schmutzig grauen Schlamm. Ihre Haut wird es Ihnen danken.
>
> Einen Wermutstropfen beim salzigen Vergnügen gibt es allerdings: Die kleinsten Kratzer beginnen wie wild zu brennen, ein in die Augen verirrter Tropfen verursacht minutenlange schmerzhafte Blindheit, und wieder an Land ist die Haut im Nu mit einer unangenehm juckenden Salzschicht überzogen. Deshalb: Nie ins Wasser, wo keine Dusche in der Nähe ist. Gehen Sie jedoch unbedingt sparsam mit dem kostbaren Süßwasser um!

Wenige Kilometer südlich der Hotelmeile bei **Suweima 1** 🏺 D7 schließen sich zwei öffentliche Badestellen – **Amman Beach Tourism Resort** und **OH Beach Resort** – an. Tagesbesucher können gegen Eintritt die Badeanlagen und Wellnessoasen der Hotels nutzen.

Etwa 10 km südlich der Hotelmeile führt eine kurvenreiche Straße hinauf in die kahlen Berge. Auf einer Felsklippe erhebt sich hier der **Dead Sea Panorama Complex** (9 bis 22 Uhr), von dem an klaren Tagen die Berge Judäas zum Greifen nah scheinen. › mehr S. 16 Punkt **27** Das 2006 fertiggestellte Gebäude beherbergt ein didaktisch vorbildliches Museum zur Geologie, Ökologie, Archäologie und Geschichte der Region sowie ein Restaurant und einen Shop der RSCN.

HOTELS UND SPAS

Alle Hotels befinden sich am nordöstlichen Ufer des Toten Meeres entlang der Hotelmeile bei Suweima. Dort ist eine ganze Reihe luxuriöser Hotels aus dem Boden gestampft worden. Alle verfügen über ausgezeichnete Spas, die meist gegen Zahlung eines recht üppigen Eintritts auch Tagesgäste akzeptieren.

Mövenpick Dead Sea €€€
Die Gartenanlage mit den aus örtlichem Kalkstein errichteten Bungalows, die um kleine Plätze angeordnet sind, verströmt bei allem gebotenen Luxus lokales Flair. Alle Zimmer mit Balkon. **Zara Spa:** Tgl. 8.30 bis 20.30 Uhr, Eintritt frei, dafür aber Buchung von Anwendungen ab mindestens 110 JD vorausgesetzt.
- Tel. 05/356 11 11 | Suweima
  www.moevenpick-deadsea.com

Jordan Valley Marriott €€€
Opulent gestaltetes Hotel mit großen Zimmern und drei Pools. Zusätzlich gibt es zwölf Restaurants, Bars und Cafés, einen Abenteuerspielplatz sowie jede Menge Freizeitangebote. **Marriott Spa:** Für Hausgäste gratis, für Tagesgäste 19 JD.
- Tel. 05/356 04 00 | Suweima
  www.marriott.com/qmdjv

Badende können sich im Toten Meer einfach mal treiben lassen

Kempinski Ishtar Dead Sea €€€
Eines der führenden Luxushotels des Nahen Ostens, mit über 100 komfortablen Zimmern, großzügigen Suiten und exklusiven separaten Villen. Neben dem langen Privatstrand gibt es mehrere Restaurants, palmengesäumte Pools und das grandiose **Anantara Spa**, das über 20 Behandlungsräume und mehrere Pools auf einer Fläche von 10 000 m² verfügt.
• Tel. 05/356 88 88 | Suweima
  www.kempinski-deadsea.com

ZEUGEN DER GESCHICHTE

• **Jerash**, das antike **Gerasa**, ist eine gut erhaltene römische Stadt der Dekapolis. › S. 73
• Zwischen römischen Ruinen mit Blick auf das Libanongebirge wandelt man in **Umm Qays (Gadara)**. › S. 78
• Das **Qusair Amra** ist eine Badeanlage mit lebensfrohen Fresken aus frühislamischer Zeit. › S. 89
• In **Umm el-Jimal**, der basaltdunklen Stadt aus spätrömischer Zeit, lassen sich zweistöckige Häuser erkunden. › S. 92
• Im Jordantal wurde Jesus von Johannes getauft – an der Taufstätte **Bethanien**. › S. 100
• Bei **Muqawir** verlangte Salome in der Festung des Herodes das Haupt Johannes des Täufers. › S. 108
• Viele Touristen kommen eigens wegen **Petra** nach Jordanien, der weltberühmten »rosaroten« nabatäischen Stadt. › S. 115

RESTAURANT

Panorama Restaurant €€€
Exzellente lokale Küche mit einer großen Auswahl typischer *mezze* und auf Holzkohle gegartem Fleisch.
• im Dead Sea Panorama Complex
  Tel. 05/324 55 00

AL-MAGHTAS (BETHANIEN) 2 📖 D6

An einer Furt kurz vor der Mündung des Jordan ins Tote Meer standen bereits im 6. Jh. Gasthäuser und Kirchen, um Pilger auf dem Weg von Jerusalem zum Berg Nebo › S. 106 zu beherbergen. In der Bibel steht: »Zu dieser Zeit kam Jesus von Galiläa an den Jordan zu Johannes, um sich von ihm taufen zu lassen« (Matthäus 3,13); »Dies geschah in Bethanien, auf der anderen Seite des Jordan, wo Johannes taufte« (Johannes 1,28).

Der Platz an der Einmündung des Wadi Kharrar in den Jordan wurde erst vor wenigen Jahrzehnten als Bethanien identifiziert. Zwar entdeckte man bereits 1899 einige Ruinen, doch konnten Ausgrabungen erst nach dem Friedensschluss von 1994 beginnen. Die Grabungen brachten Kirchen, einige Höhlen, etliche Brunnen und vor allem eine Reihe von Taufbecken aus dem 3. bis 10. Jh. ans Licht. Im Heiligen Jahr 2000 zelebrierte Johannes Paul II. hier eine große Messe. Papst Benedikt XVI. besuchte Bethanien anlässlich seiner Nahostreise 2009.

Der Shuttlebus stoppt zunächst am **Tell Elias.** Dort soll der Prophet

Biblisches Bethanien

Elias in einem von feurigen Pferden gezogenen Wagen gen Himmel gefahren sein. An der modernen Taufstätte (gespeist mit gefiltertem Jordanwasser) verlässt man den Bus und läuft zur Quelle, an der Johannes Jesus getauft haben soll. Weiter geht es zur Ausgrabung dreier Kirchen aus dem 5. und 6. Jh. Vorbei an der **griechisch-orthodoxen Kirche** gelangt man zum Jordan – der berühmte Fluss ist kaum mehr als ein trübes Rinnsal. Auf der gegenüberliegenden israelischen Seite ist ein Taufkomplex zu sehen. Auf dem Rückweg passiert der Bus noch das **Haus der Maria von Ägypten** (Nov.–April und Ramadan 8.30–16, sonst bis 18 Uhr).

INFO

Weiterführende Infos unter www.baptism site.com. Der Eintrittspreis von 12 JD umfasst eine einstündige Führung und den Shuttlebus zu den einzelnen Stätten. Nehmen Sie am Haupteingang die dort ausliegende Broschüre und Karte mit.

Vor allem sollten Sie an leichte, aber körperbedeckende Kleidung (Schutz vor Sonne, Hitze, Fliegen), eine Kopfbedeckung und ausreichend Trinkwasser denken.

RESTAURANT

Bethany Touristic Restaurant €€

Frisch serviert wird aus der angeschlossenen Fischfarm: Tilapia (*talloubi* oder Baptism Fish), eine Buntbarschart, der besonders köstlich mit frischem Koriander schmeckt.

• an der Zufahrt vom Amman–Dead Sea Highway zum Baptism Site Al-Maghtas | Tel. 079/607 60 60

WADI MUJIB NATURE RESERVE 3 ⭐6 ▮ D8/9

Ursprünglich zum Schutz des in Jordanien fast ausgestorbenen Nubischen Steinbocks (*Capra ibex nubiana*) eingerichtet, erfreut sich das einzigartige Natur- und Biospärenreservat heute größter Beliebtheit. Das Gebiet erstreckt sich entlang des Wadi Mujib vom Hochland (ca. 900 m ü. NN) bis zur Mündung des Tals in das Tote Meer (ca. 400 m unter NN). Es bietet außer dem seltenen Steinbock weiteren 250 Tierarten einen Lebensraum, darunter dem Syrischen Wolf und der Gestreiften Hyäne, sowie über 180 Vogelarten – das Wadi ist zudem ein wichtiger Rastplatz für Zugvögel – und mehr als 400 Pflanzenarten.

Wer das Tal komplett erkunden möchte, kann auf dem anspruchsvollen **Mujib Trail** (15 km) in rund 7 Std. vom Königsweg bis zum Toten Meer wandern. Andere Wanderwege starten am Visitor Centre, z. B. der **Malaqi Trail** > S. 96.

INFO
Visitor Centre
Die Vorbuchung aller Wanderungen ist ratsam, da pro Tag und Weg mindestens 3 bzw. maximal 25 Personen zugelassen werden. Die sogenannten *wet trails* sind nur mit einem Guide zugänglich und führen teilweise durchs Wasser – watend oder schwimmend. Rettungswesten werden gestellt, alle weitere Ausrüstung sollten sie dabei haben > S. 96.
- am Desert Highway neben der Brücke über das Wadi Mujib
  Tel. 079/907 49 60
  www.rscn.org.jo

HOTEL
Mujib Chalets €€
Die Anlage besteht aus 15 einfachen Chalets, die über Doppelbetten und Kühlschränke verfügen. Vom Patio aus kann man den Blick aufs Tote Meer genießen. Die Sanitäranlagen mit Duschen und heißem Wasser werden gemeinschaftlich genutzt. Am kleinen Strand gibt es außerdem Süßwasserduschen. Eine Buchung im Voraus ist unabdingbar.
- am Zufluss vom Wadi Mujib ins Tote Meer
  Tel. 079/720 38 88 oder 06/461 65 23
  www.rscn.org.jo

Erfrischendes Nass im Mujib Nature Reserve

UNTERWEGS AUF DEM KÖNIGSWEG

MADABA 4 ⭐ 7 📖 E7

Charmant und einladend präsentiert sich die christlich geprägte 70 000-Einwohner-Stadt am Königsweg. Der alte Handelsstützpunkt blickt auf eine überaus bewegte Vergangenheit zurück: Bereits in biblischer Zeit wechselte Madaba mehrfach die Seiten. So ging es von den Moabitern in die Hände der Amoriter und schließlich der Israeliten über. Einen ersten wirklichen Aufschwung erlebte Madaba unter den Römern. Damals genoss es ähnliche Bedeutung wie Jerash, Amman und Pella. Aus dieser Blütezeit blieben allerdings nur eine Zisterne sowie einige wenige Säulen- und Tempelreste erhalten.

Weitaus eindrucksvoller sind die Zeugnisse aus der byzantinischen Epoche: Unter Justinian entstanden im 6. Jh. in der überaus wohlhabenden Christengemeinde vierzehn Kirchen (so der derzeitige Grabungsstand). Madaba entwickelte sich zu einem bedeutenden Zentrum der Mosaikkunst. Inspiriert von Musterbüchern, die im östlichen Mittelmeerraum zirkulierten, schmückte man die Fußböden von Basiliken und Wohnresidenzen prachtvoll mit den in der Umgebung gebrochenen, verschiedenfarbigen Steinchen, *tesserae* genannt.

Nachdem die Perserheere (614) und ein Erdbeben (746) die Stadt heimgesucht hatten, sank sie in einen Dornröschenschlaf, aus dem sie erst gegen Ende des 19. Jhs. wachgeküsst wurde. Rund 2000 Christen aus Kerak erkoren den Siedlungshügel zu ihrer neuen Heimat und stießen beim Ausheben der Fundamente für ihre Häuser auf erste Mosaiken. Seit 1897 legten Archäologen weitere Mosaiken frei.

Das berühmteste Mosaik befindet sich in der **St.-Georgs-Kirche:** die sogenannten Madaba- oder Palästinakarte. Ursprünglich zeigte das aus Millionen Steinchen zusammengesetzte Bodenmosaik das gesamte Gebiet vom Nildelta im Süden bis zum Antilibanon im Norden, vom Mittelmeer bis zur Arabischen Wüste östlich der Linie Petra–Amman. Beim Bau der gegenwärtigen Kirche – 1898 über den Ruinen eines byzantinischen Vorgängerbaus errichtet – wurde das Mosaik jedoch schwer beschädigt. Dank der erstaunlich wirklichkeitsnahen Wiedergabe war es sogar möglich, auch jene der insgesamt 150 dargestellten Orte zu identifizieren, die nicht mit griechischen Buchstaben bezeichnet sind (April bis Okt. Sa–Do 8–18, Fr 9.30–17, Nov.–März Sa–Do 8–17, Fr 9.30 bis 17 Uhr). › mehr S. 16 Punkt **28**

Die vielfältigen Mosaiken des sog. **Burnt Palace** stammen aus einem herrschaftlichen Wohnhaus, das später abbrannte. Holzstege führen an einigen Mosaiken vorbei, darunter den lebendigen Jagdszenen aus dem späten 6. Jh. (Hussein Bin Ali St., So–Do 8–19, im Winter bis 17 Uhr). Am Burnt Palace ist die römische Hauptstraße noch gut zu erkennen, ebenso wie im **Archaeological Park** etwas weiter südöstlich (tgl. 8–17, im Winter bis 16 Uhr). Hier sind Mosaiken diverser Epochen versammelt, darunter ein Mosaik des 1. Jhs., das in Machaerus gefunden wurde und als ältestes erhaltenes Mosaik Jordaniens gilt. Die Böden der Kirche des Propheten Elias und die in der Hippolytushalle zeigen Szenen aus der griechischen Mythologie. Aus der Zeit nach dem byzantinischen Bilderstreit im früheren 8. Jh. stammt hingegen das geometrische Mosaik aus der Kirche der Jungfrau Maria.

Werfen Sie anschließend unbedingt einen Blick in dasbenachbarte **Madaba Institute for Mosaic Art & Restoration.** Hier können Sie – mit Erlaubnis der Schulleitung – miterleben, wie ein Mosaik entsteht. Melden Sie sich bei Interesse an einer Führung vorher telefonisch an (So bis Do 8–15 Uhr, Tel. 05/324 07 23, www.mimarjordan.org).

Ein weiteres Schmuckstück der Mosaikkunst lohnt einen Abstecher in die **Apostelkirche:** Im Zentrum dargestellt ist Thalassa, die Personifikation des Meeres. Sie wird gerahmt von Tieren und Früchten (al-Nuzha-St., Mai–Sept. tgl. 8–17, Okt.–April tgl. 9–16 Uhr).

INFO

MTA Visitor Centre
• Abu Bakr as-Siddiq-St. | Madaba
  Tel. 05/325 35 63
  www.visitmadaba.org
  Sommer tgl. 8–19, Winter bis 18 Uhr

Ministry of Tourism & Antiquities
Informationen u. a. über die Ausgrabungs- und Restaurierungsarbeiten.
gegenüber dem Burnt Palace | Madaba
• Tel. 05/325 26 87 | www.mota.gov.jo

VERKEHR

Madaba ist von Amman (ca. 1 Std.) und vom internationalen Flughafen aus (ca. 45 Min.) per Taxi oder Bus einfach zu erreichen und bietet sich wegen seiner ausgezeichneten Infrastruktur als Standort an, wenn man die Verkehrsdichte von Amman scheut oder um eine Rundreise mit einigen Tagen in dem angenehmen Städtchen abzuschließen.

HOTELS

Mosaic City Hotel €€
Zentral, nur ein paar Gehminunten von der Georgskirche entfernt, gehört dieses komfortable, familiär geführte Haus mit seinen 50 geräumigen Zimmern zu den empfehlenswerten Adressen in der Stadt.
• Yarmuk St. | Madaba
  Tel. 05/325 13 13
  www.mosaiccityhotel.com

Mariam €
Von der Familie Twal betriebenes Hotel mit 57 komfortablen Zimmern, Pool und ausgesprochen nettem Service. Der Besitzer organisiert Ausflüge in die nähere Umgebung und Transfers aller Art.
• Aisha Um Al Mumeneen St.
  Madaba | Tel. 05/325 15 29
  www.mariamhotel.com

St. George's Church Pilgrim House €
In der zur Kirche gehörenden, authentischen Herberge übernachten v. a. christliche Pilger, doch auch andere Reisende sind herzlich willkommen. Die Zimmer sind sehr

schlicht, haben aber kleine Bäder mit Warmwasser. Erlöse aus dem Betrieb gehen in die angeschlossene Schule.

• King Talal St. | Madaba
  Tel. 05/325 37 01

RESTAURANTS

Hareth Jdoudna €€
In einem Komplex restaurierter arabischer Häuser sind zwei Restaurants zu finden:

Das eine serviert Pizza und Snacks, das andere eine gute Auswahl leckerer *mezze* und Holzofengerichte. Im Winter wärmt ein Kaminfeuer die Gäste. Außerdem gibt es hier Souvenirshops mit einem qualitativ hochwertigen Sortiment.

• Adel Jumean St.
  Madaba
  Tel. 05/324 86 50
  www.haretjdoudna.com

Madaba war und ist eine geschäftige Stadt

Auf dem biblischen Berg Nebo

El Cardo Restaurant €
Im Obergeschoss dieses ebenfalls in einem restaurierten alten Haus untergebrachten Lokals gegenüber vom Archaeological Park wird mittags ein gutes Büffet mit Salaten, Hummus und Lamm oder Huhn angeboten.
• Hussein bin Ali St. | Madaba
  Tel. 05/325 10 06

AUSFLÜGE

BERG NEBO 5 📖 E7
»Mose stieg aus den Steppen von Moab auf den Berg Nebo, den Gipfel des Pisga gegenüber Jericho ... Der Herr sagte zu ihm: Das ist das Land, das ich Abraham, Isaak und Jakob versprochen habe ... Hinüberziehen wirst du nicht. Danach starb Mose, der Knecht des Herrn, dort in Moab, wie der Herr bestimmt hatte.« So steht es im 5. Buch Moses geschrieben.

Der legendenumwobene, 808 m hohe Jebel Nebo, über eine kurze Straße von Madaba aus Richtung Westen zu erreichen, ist eigentlich eher ein Sporn des Hochlandes, der hier abrupt zum Toten Meer hin abfällt. Die Aussicht auf das Jordantal, das Tote Meer und Jericho ist atemberaubend. Das Mosaik im alten Baptisterium auf dem Berg zeigt Jagd- und Hüteszenen in einem afrikanisch anmutenden Ambiente mit Giraffen, Zebus und Löwen.

HISBAN 6 📖 E7
Archäologen entdeckten im biblischen Hesbon, etwa 8 km nördlich von Madaba, eine 220 000 Liter fassende, beinahe 3000 Jahre alte Zis-

terne. Dass der Ort auch unter römischer, byzantinischer und selbst
noch unter mameluckischer Herrschaft blühte, beweisen die Ausgrabungen diverser Wachtürme,
Wohnhäuser und Gruften aus jenen
Epochen sowie zweier Basiliken mit
ihren schönen Mosaiken. Nachdem
Hisban fast 500 Jahre unbesiedelt
gewesen war, ließen sich erst vor einigen Jahrzehnten hier wieder Beduinen nieder. (Sonnenauf- bis -un-
tergang, Eintritt frei)

HAMMAMAT MA'IN　**7**　▮ D8

Die »Bäder von Ma'in« mit ihrem
hohen Schwefelgehalt sind seit Jahrhunderten für ihre Heilkraft bekannt. Die warmen Quellen werden
von Kaskaden über die steilen Fel-
sen des Wadi Zarqa Ma'in gespeist.
› mehr S. 13 Punkt **8**

Rund um die Wasserfälle wurde
der **Eco Sports Park** mit Umklei-
dekabinen, einem Spa und Zugang
zu den Hauptwasserfällen und
Pools angelegt (8–22 Uhr). Einige
der Pools sind – wenngleich nicht
explizit so ausgewiesen – nur für
Familien vorgesehen. Als Frau kann
man diese Pools ohne Bedenken
nutzen, als männlicher Besucher
sollte man sie jedoch meiden.

HOTEL UND SPA

Evason Ma'in Hot Springs Hotel €€€
Das 5-Sterne-Hotel wurde mehrfach ausgezeichnet. Die fast 100 großzügig geschnit-
tenen, geschmackvoll eingerichteten Stu-
diozimmer mit kühlen Steinböden und
dunklem asiatisch inspiriertem Holzmobili-
ar haben alle einen eigenen Balkon. Etwas

talabwärts, direkt unterhalb einer der
Thermalquellen, liegt schön in die Landschaft eingebettet das hoteleigene **Six
Senses Spa**: Hier werden verschiedene Ge-
sichts- und Körperbehandlungen, Massa-
gen und Therapien angeboten, es gibt
auch eine Dampfgrotte. Tagesgäste 38 JD,
Voranmeldung empfehlenswert.
• Hammamat Ma'in
　Tel. 05/324 55 00
　www.sixsenses.com

DHIBAN　**8**　▮ E8　UND OBERLAUF DES WADI MUJIB

Das antike **Dibon** ist berühmt für
seine reichen Funde, die teilweise
bis in die Bronzezeit (um 3000
v. Chr.) zurückreichen. Das wohl
interessanteste Stück ist der sogenannte Mescha-Stein (auch Moab-
Stele genannt), eine Inschriftenstele
aus dem Jahr 850 v. Chr., die als ältestes bekanntes Schriftstück in he-
bräischer Sprache gilt. Das Original
steht im Pariser Louvre.

Kurz hinter Dhiban an der
Hauptstraße entfaltet sich an einem
Aussichtspunkt eine dramatische
Szenerie: 400 m tief und 4 km breit
klafft hier ein Riss im Plateau, der
den Beinamen »Jordaniens Grand
Canyon« trägt. Der Bach Arnon auf
dem Grund des **Wadi Mujib,** bildete
in biblischer Zeit die Grenze zwischen Moab im Süden und dem
Reich Davids im Norden. 18 km
schlängelt sich der King's Highway
ins Wadi hinab, überquert einen
Damm und auf der anderen Seite
wieder hinauf. › mehr S. 13 Punkt **7**

MUQAWIR 9 ▮ E9

Am Westrand des ansonsten unbedeutenden Ortes erblickt man vor der beeindruckenden Kulisse des Toten Meeres einen stumpfen, fast 700 m hohen Bergkegel.

Dieser wird von den Ruinen der antiken Festung Machaerus gekrönt. Ihr heutiger Name **Qasr al-Mashnaqah** bedeutet so viel wie »Galgenburg«. Ursprünglich von dem Hasmonäer Alexander Iannäus (103–76 v. Chr.) errichtet, wurde die Burg auf Betreiben Herodes des Großen (um 30 v. Chr.) ausgebaut und um weitläufige Palastanlagen inklusive Luxusthermen ergänzt.

Berühmtheit gewann die Festung durch Johannes den Täufer: Der Tetrarch Herodes Antipas, der als einer der Nachfolger seines Vaters Herodes des Großen in der Burg residierte, hatte eine nabatäische Königstochter aus Petra geehelicht, diese aber dann zugunsten seiner Schwägerin Herodias verstoßen. Als Johannes es wagte, ihn deswegen zu tadeln, ließ ihn der Tyrann verhaften. Nach biblischer Überlieferung war der König bei seinem Geburtstagsfest so sehr vom Tanz der Tochter der Herodias, Salome, angetan, dass er gelobte, seiner Stieftochter jeglichen Wunsch zu erfüllen. Salome ließ sich daraufhin in Absprache mit ihrer Mutter den Kopf des asketischen Bußpredigers auf einer silbernen Schale servieren. Diese Geschichte wurde durch viele bildliche Darstellungen und durch die Oper von Richard Strauss weltbekannt.

UMM AR-RESAS 10 ▮ E8

Die vermutlich von den Römern angelegte Siedlung besteht zwar nur aus Trümmern, abgesehen von der teils erhaltenen Stadtmauer und dem etwas außerhalb im Norden

---

💬 BANI HAMIDA HOUSE

Kurz nach der Ansiedlung der Beduinen bei Muqawir wurde 1985 eine Initiative gegründet, die den früheren Nomadinnen eine Einkommensquelle verschaffen sollte: Einige ältere Frauen begannen, an den typischen, auf dem Boden aufgespannten traditionellen Webstühlen Teppiche herzustellen. Inzwischen sind etwa 1200 Frauen aus der Umgebung beschäftigt. Die Teppiche werden nicht nur an Touristen verkauft, sondern schmücken auch namhafte Galerien in aller Welt. In den Ausstellungsräumen direkt an der Straße zur Festung kann man die farbenprächtigen Kelims und Kissen bestaunen und erwerben (So–Do 8–15, Fr 10–18 Uhr, Öffnungszeiten aber unregelmäßig. Info: Tel. 06/461 21 69, www.jordanriver.jo). > mehr S. 17 Punkt 32

BUCHTIPP: »A Bedouin Perspective: Jebel Bani Hamida Women Reflect on Their Lives« erzählt vom Aufbau der Kooperative in den 1990er-Jahren, erhältlich in der Galerie.

Die mächtige Kreuzfahrerfestung Kerak hielt im Mittelalter vielen Belagerungen stand

15 m hoch aufragenden Burj Sama'an (Turm des Simon). Erhalten sind jedoch Reste mehrerer byzantinischer Kirchen, wie die Stephanuskirche mit Bodenmosaiken, die Alltagsszenen sowie mehr als ein Dutzend historischer Städte dies- und jenseits des Jordans zeigen. Die Mosaike waren eines der Hauptkriterien für die Aufnahme der Stätte ins UNESCO-Weltkulturerbe (tgl. 8–16 Uhr, Eintritt frei).

KREUZFAHRERBURG KERAK 11 ⭐ 8 ▮ E10

Zwischen Kornfeldern und Olivenhainen gelegen, schiebt sich schon von Weitem die Burg von Kerak ins Blickfeld. 950 m ü. NN erhebt sich der Hügel, auf dessen Gipfel die Anlage der Kreuzfahrer des Königreichs Jerusalem thront.

Die malerisch zu Füßen der Burg gelegene, moderne Stadt Kerak zählt 23 000 Einwohner und ist Hauptstadt der gleichnamigen Provinz. In der Bibel ist sie als Kir-Heres, »Scherbenstadt«, erwähnt. In byzantinischen Zeiten war sie Bischofssitz, und noch im 14. Jh. bestand die Bevölkerung mehrheitlich aus Christen.

Die alles überragende Kreuzfahrerburg wurde 1142 von Payen Le Bouteiller errichtet, dem Verwalter von Oultrejourdain, eine der Herrschaften im Königreich Jerusalem des 11./12. Jhs. Strategisch überaus günstig gelegen, weil einen Tagesritt sowohl von Shawbak als auch von Jerusalem entfernt, bildete die Feste ein wichtiges Glied in jener Kette von Burgen, die die europäischen Invasoren von der Südtürkei über das heutige Syrien bis an das Rote Meer spannten. Das Wunderwerk des Festungsbaus hielt über 40 Jahre mehreren Anstürmen muslimischer Heere stand. 1188 fiel sie in die Hand des ayubidischen Heerführers Saladin. Er ließ den für seine Gräueltaten berüchtigten Rainald von Chatillon, seit 1177 Burgherr von Kerak, köpfen und seinen Kopf am Tor aufspießen.

Im Mittelalter betrat man die Zitadelle durch gut zu verteidigende Felstunnel, heute gelangt man über den aufgefüllten Burggraben durch ein Eisentor ins Innere. Der 250 m lange und bis zu 135 m breite Bau wurde zwar teilweise restauriert, doch erscheint das Labyrinth aus Türmen, Wehrmauern, Höfen, Zisternen, großen Hallen und einer Kapelle noch immer in recht desolatem Zustand. Die ursprünglichen Funktionen der einzelnen Räume sind nur zu erahnen. Gut unterscheiden lassen sich allerdings die älteren und jüngeren Bauteile: Die Kreuzritter verwendeten rötlich-schwarzen Fels vulkanischen Ursprungs, die Muslime benutzten grau-gelbliche Kalkblöcke. Den baulichen Höhepunkt bilden die gewaltigen Gewölbegänge und Säle im Kellergeschoss.

Den teils enttäuschenden Zustand der Burg macht die fantastische Aussicht vom oberen Hof allerdings mehr als wett: Sie reicht an klaren Tagen bis nach Jerusalem

(April–Sept. tgl. 8–19, sonst bis 16 Uhr; Tel. 03/235 12 16).

Einen Besuch verdient auch das **Museum** in der Unterburg (schließt jew. 1 Std. früher als die Zitadelle). Es zeigt Grabungsfunde und historische Fotos von Stadt und Festung.

HOTELS

Al-Mujeb €€

Das alteingesessene Hotel präsentiert sich seit einem umfassenden Facelifting luftig und modern möbliert. Warmherziger Service. Ein Wermutstropfen ist jedoch die etwas dezentrale Lage.

• 4 km östlich der Burg an der Straßenkreuzung Richtung Rabba bzw. Qatraneh | Kerak Tel. 03/238 60 90

Qairwan Hotel €

Kleines, familiengeführtes Hotel östlich der Burg, noch außerhalb der Altstadt mit nur 9 individuell eingerichteten Zimmern. Bei Wochenendbuchung vorher fragen, ob eine Hochzeit im Ballsaal des Hotels stattfindet, denn dann wird es wahrscheinlich sehr laut werden.

• an der Zufahrtsstraße vom Königsweg, Habbes Majali St. | Kerak Tel. 03/239 60 22 | 079/525 02 16

RESTAURANTS

Kir Heres €

Das preisgekrönte Restaurant serviert in geschmackvollem Interieur eine große Auswahl an lokaltypischen Gerichten wie frittierter *halloumi* oder Champignons mit Thymian und Knoblauch, dazu einen guten lokalen Weißwein. Reservierung besonders am Wochenende empfehlenswert.

• Al-Qala'a St. | Kerak Tel. 079/905 95 71

In der Al-Mujamma-Street bieten mehrere einfache, aber exzellente Restaurants u. a. reichhaltige Büffets mit *mezze* an, zwei davon sind das **Abu al-Fid'a** (€) und das **Ram Peace** (€).

WADI AL-HASA UND KIRBAT AT-TANNUR 12 ▌ E11

Knapp 20 km südlich von Kerak tut sich an der Straße der Könige wiederum ein gewaltiger Canyon auf: Das 800 m tiefe **Wadi al-Hasa,** das biblische Tal Zeres, bildete einst die Grenze zwischen den Reichen von Moab und Edom. Außerdem trennt es zwei unterschiedliche Landschaftsformen: die relativ sanften, hügeligen Plateaus im Norden von dem schrofferen, von tieferen Tälern durchfurchten Süden. An der Nordseite des Tales fällt ein dunkler Vulkanschlot, der sich durch den ansonsten sehr hellen Kalkstein gedrückt hat, ins Auge.

Direkt gegenüber blicken die nabatäischen Tempelruinen des **Kirbat at-Tannur** von einem Vorsprung ins Tal hinunter. In dieser Tempelanlage aus dem 2. Jh. n. Chr. wurden u. a. eine Nike- und eine Atargatis-Statue gefunden (Originale bzw. Kopien im Nationalmuseum in Amman). Auch wenn die Ruinen an sich recht wenig hergeben, lohnt sich ein Abstecher hierher (sehr schwer lesbares Hinweisschild 24 km südlich von Mazar nach rechts abgehend) schon allein wegen der grandiosen Aussicht ins Wadi al-Hasa.

Und alle Reisenden, die während der Sommermonate in dieser Gegend unterwegs sind, sollten unbedingt die köstlichen Kaktusfeigen probieren, die dann überall am Straßenrand feilgeboten werden.

TAFILA 13 ▌ D12

Der malerisch inmitten von Obst- und Olivenhainen gelegene Marktflecken ging als Schauplatz einer Schlacht in die Geschichte ein. Hier behielt 1918 der britische Oberst T.E. Lawrence, der auch als Lawrence von Arabien bekannt ist, mit seinen arabischen Beduinenkämpfern zum einzigen Mal in einer direkten Konfrontation mit osmanischen Verbänden militärisch die Oberhand. Tafila ist der letzte Ort vor Aqabah, von dem eine asphaltierte Straße zum Toten Meer bzw. zum Wadi Arabah führt.

DANA 14 ▌ D13

Der heute fast verlassene Ort war namensgebend für das inzwischen wichtigste und wohl bekannteste Naturreservat in Jordanien, das Dana Nature Reserve.

Der Ort selbst thront auf einem Vorsprung über dem zerklüfteten Wadi Dana, das im Westen zum Wadi Arabah hin entwässert. Seine aus hellem Kalkstein errichteten Häuser umgeben im Zentrum eine einfache Moschee und eine eingefasste, saubere Quelle. Die Zufahrt zum Besucherzentrum des Naturresevats zweigt kurz vor dem Ortseingang nach links ab.

Kleine Siedlung in der wilden Landschaft des Dana Nature Reserve

DANA NATURE RESERVE 9 D13

Das Nature Reserve wird von der RSCN betreut und stellt eines der letzten Refugien etlicher bedrohter Spezies im Vorderen Orient dar. Etwa 700 Pflanzenarten, 200 Vogel- und drei Dutzend Säugetierarten sind hier nachgewiesen worden. Zu den Säugern zählen der fast ausgestorbene Nubische Steinbock, der Syrische Wolf, Hyäne, Schakal und Sandkatze.

Das etwa 300 km² umfassende Naturschutzgebiet erstreckt sich über vier Klimazonen, die mediterrane, die saharo-arabische (wüstenhafte), die irano-turanische (steppenhafte) und die subtropische («sudanesische«) Zone. Entsprechend vielfältig sind die hier gedeihenden Baumarten, darunter Roter Wacholder, Eiche, Pistazie, Oleander, Akazie und Zypresse.

Das Dana-Naturreservat bietet schöne Möglichkeiten zum Wandern – z. B. auf dem Wadi Dana Trail › S. 96 – oder um Vögel zu beobachten.

Im Visitor Centre erhält man umfangreiches Informationsmaterial zu den Aktivitäten der RSCN, die sich nach Einrichtung des Naturparks zunächst um die Umsiedlung der Dorfbewohner und die Schaffung neuer Erwerbsquellen für sie kümmern musste, da das Gebiet nicht mehr beweidet werden sollte. Daraufhin entstanden u.a. eine Manufaktur zur Herstellung getrockneter Früchte und eine Silberwerkstatt › S. 51. Außerdem bietet das Nature Reserve Arbeitsplätze im Guesthouse sowie für Führer und Ranger.

FEINAN ■ D13

Am Westrand des Naturreservats, im Wadi Arabah, liegen die **Kupferminen** von Feinan. Diese Minen gehörten in der Antike zu den größten im Nahen Osten. Ihre Vorkommen waren bereits in der frühen Bronzezeit, also seit etwa 2500 v. Chr., bekannt. Gigantische Schlackehügel von mehr als 200 000 t zeugen von Abbau und Verhüttung in geradezu industriellem Maßstab, für die riesige Mengen an Holz aus dem Bergland zu den Minen geschafft werden mussten. Seinen Höhepunkt erreichte der Kupferabbau in edomitischer (9.–5. Jh. v. Chr) und römischer Zeit. Ein **Aquädukt** und eine **Zisterne** sind, zusammen mit den spärlichen Ruinen einer **byzantinischen Kirche,** die einzigen Überreste aus der Vergangenheit.

Auch in der Gegend um Feinan hatte die Überweidung der ohnehin kargen Vegetation durch Ziegen zu schweren Schäden geführt. Die RSCN bildete die Beduinenfrauen in der Verarbeitung von Ziegenleder aus, sodass die Beduinen auch hier eine zusätzliche Einnahmequelle erhielten und es sich nun leisten können, weniger Tiere in festen Umzäunungen außerhalb des Naturparks zu halten.

GRATIS ENTDECKEN

- Feststimmung unterm Sternenhimmel: Tagsüber verläuft der Alltag zu Ramadan merklich gedämpft. Doch nachts wird gebummelt, geshoppt und – gern mit spontan eingeladenen, auch fremden Gästen – in Gesellschaft geschlemmt. Besonders ausgelassen geht es am Ende des Fastenmonats zu, zum **Iftar-Fest** (ihd al-fitr). › S. 46

- Wer zur »magic hour« den **Jebel al-Qala,** den zentralen der 19 Stadthügel Ammans erklimmt, wird mit einem atemberaubenden Schauspiel belohnt: Während die Sonne orange versinkt, ändern die typischen weißen Kalksteinhäuser fast im Minutentakt ihre Farbtönung. › S. 61

- Interessante Einblicke in verschiedene Epochen der jordanischen Geschichte von der Bronze- über die Römerzeit und der byzantinischen bis zur ummaijadischen Ära bietet ein Spaziergang durch die frei zugängliche **Ruinenstätte Pella.** › S. 81

- Die schönste Art, sich von den landschaftlichen Reizen des Königreiches ein Bild zu machen, ist, sie entlang der vielen, gut gepflegten und beschilderten Naturlehrpfade zu erwandern; z. T. auch auf eigene Faust ohne Führer möglich, wie etwa auf dem **Wadi Dana Trail** (Infos: www.rscn.org.jo). › S. 96

INFO

Visitor Centre

Der Eintritt von 7 JD wird bei einer Übernachtung in einem der RSCN-geführten Hotels bzw. Camps mit den Kosten verrechnet. Das Besucherzentrum organisiert auch Guides, die für die meisten Wanderungen im Naturpark obligatorisch sind.

• neben dem Dana Guesthouse | Dana
  Tel. 03/227 04 98-7
  www.rscn.org.jo

HOTELS

Dana Guesthouse €€

Auf einer Terrasse oberhalb des Wadi Dana gelegenes, vom jordanischen Architekten Ammar Khammesh gestaltetes, stilvoll-schlichtes Gästehaus mit 9 Zimmern. Ganzjährig geöffnet.

• Dana | Tel. 03/227 04 97
  www.wildjordan.com

Feinan Ecolodge €€

Schlicht-elegant designtes Schmuckstück, ebenfalls von Ammar Khammesh. Abseits von allem, wildromantisch am Fuße der Berge gelegen, erreichbar nur in 5-stündiger Wanderung oder vom Wadi Arabah aus per Geländewagen. 26 Lehmbungalows mit eigener Terrasse, ausschließlich Kerzenbeleuchtung. Sept.–Juni.

• Buchungen: Tel. 06/464 55 80 oder über
  Dana Guesthouse > **oben**
  www.feynan.com

Rummana Campsite €

Am nördlichen Talrand gelegenes Zeltcamp mit 20 fest installierten Zelten (mit Matten, Decken, Kissen) und einem sauberen Sanitärblock. Ausgangspunkt für viele Wanderungen. März–Okt.

• Buchung über RSCN bzw. Dana
  Guesthouse > **oben**

Dana Hotel €

Einfaches Hotel mit 17 spartanisch eingerichteten Zimmern und einer *majlis* – einer Art Wohnzimmer unter einem Zeltdach – im Hof. Das Hotel wird von einer Kooperative des Dorfes geführt, mit den Erlösen werden die wenigen hier verbliebenen Alten unterstützt und Universitätsstipendien für Jugendliche aus ärmeren Familien ausgelobt.

• gegenüber der Moschee | Dana
  Tel. 03/227 05 37 od. 079/559 73 07
  dana.hotel@yahoo.com

SHAWBAK ⑮ ▮ D14

Die Hauptattraktion dieses Städtchens ist die Ruine der gleichnamigen **Kreuzfahrerburg,** die über eine rechts im Ort abzweigende Straße zu erreichen ist. Montreal oder Mons Realis, der »Königliche Berg« nannte man diesen ersten Stützpunkt der Kreuzfahrer in Oultrejourdain. Er wurde 1115 von Balduin I. erbaut und 1189 von Saladin erobert. Wenig später bauten die Mamelucken vor allem die Außenanlage mit großem Aufwand aus. Ende des 19. Jhs. wurde der Bau von den Osmanen als Militärunterkunft genutzt und später von den Bauernfamilien der Umgebung zum Privatquartier umfunktioniert.

Heute ist die Festung weitgehend zerstört. Erhalten blieben nur die Ecktürme, einige Schießscharten, zwei Kirchen sowie Zisternen und ein tiefer Brunnen. Zu diesem können Abenteuerlustige über 356 in den Fels gehauene Stufen hinabsteigen – natürlich in der Obhut eines ortskundigen Führers.

PETRA

Dieses Felsgrab der Nabatäer
nannten die Beduinen Schatzhaus
des Pharaos

Die Sandsteinruinen von Petra, der mehr als 2000 Jahre alten Handels- und Königsstadt der Nabatäer in der faszinierenden Berglandschaft, sind eines der großen architektonischen Wunder der Welt und ein Muss für Jordanienreisende.

Die viel besuchte Ruinenstätte Petra ist zu recht UNESCO-Weltkulturerbe. Die gesamte touristische Infrastruktur befindet sich im Städtchen Wadi Musa: Hotels, Restaurants, Läden, Tourenveranstalter. Von hier aus erkundet man die faszinierenden Relikte der Nabatäerkultur.

Das Stadtzentrum des antiken Petra liegt in einem Talkessel, den man zumeist durch den Siq, eine kilometerlange Schlucht, von Osten her betritt. Der Siq endet am Schatzhaus – einem der am besten erhaltenen Monumente. Am Theater vorbei folgt man dem Wadilauf gen Westen in die eigentliche Stadt hinein. Diese liegt in einer steinigen, von Sandsteinbergen umgebenen Ebene. Neben dem Siq führen zahlreiche weitere Wadis in das Stadtgebiet hinein und aus ihm heraus. Diese wurden in der Antike ebenfalls für den Warentransport genutzt. Sowohl im Süden bei Sabra als auch im Norden im Siq al-Barid befanden sich Siedlungen, in denen die kostbare Handelsware der Nabatäer umgeladen und zwischengelagert werden konnte.

Die Arabische Halbinsel war schon früh eine Drehscheibe des

💬 »SHEIKH IBRAHIM« BURCKHARDT

Der Schweizer Johann Ludwig Burckhardt (1784–1817) befand sich im Sommer 1812 auf dem beschwerlichen Weg durch die Levante nach Kairo. Der 25-Jährige sollte für eine britische Forschungsgesellschaft von Ägypten aus das Innere Afrikas erkunden. Als er durchs Ostjordanland ritt, erzählten ihm Beduinen von einer Ruinenstätte, die im Wüstengebirge verborgen liegen sollte.

Burckhardts Neugier war entfacht, doch die Führer argwöhnten, der Fremde würde sich an den Schätzen vergreifen. Nur durch eine List gelang es ihm, sich Zutritt zu verschaffen: Er gab sich als muslimischer Pilger aus und behauptete, das Grab Aarons, das er dort vermutete, besuchen zu wollen. So wanderte Burckhardt am 22. Aug. 1812 als erster Europäer nach über 600 Jahren durch den Siq und bis an den Fuß des Jebel Haroun. Trotz höchster Zeitnot – der Anblick des Weltwunders war ihm nur einen Tag lang vergönnt – fertigte er etliche Planskizzen des Geländes und der Fassade des »Pharao-Schatzhauses« an. Seine Tagebücher, in denen er ganz zutreffend notiert hatte, es sei »sehr wahrscheinlich, dass die Ruinen im Wadi Musa jene des alten Petra sind«, wurden erst 1822 veröffentlicht – fünf Jahre, nachdem Burckhardt in Kairo an der Ruhr gestorben war.

Welthandels: für Myrrhe und Weihrauch, für Güter aus Indien und Afrika. Um 300 v. Chr. entstand auf dem Gebiet des heutigen Jordanien ein einmaliger Karawanenstaat: Das Wüstenvolk der Nabatäer war in das Gebiet zwischen Aqabah und dem Toten Meer geströmt. In 950 m ü. NN schlug es seine Hauptstadt Petra in den weichen nubischen Sandstein und sicherte die Wasserversorgung durch ein hoch entwickeltes Kanalsystem. Die Abgeschiedenheit des Tals gewährte die nötige Sicherheit, die Lage am Königsweg die strategisch dominierende Position im Transitgeschäft.

Kamel wartet in Petra auf seinen Einsatz

Bald betrieben die Nabatäer den Ferntransport im großen Stil. In der Oase Higra (Medina) übernahmen sie den Weihrauch von den Südarabern. Von dort zogen ihre Karawanen bis zu den Häfen Gaza oder Rhinocolura, dem späteren al-Arish, oder tiefer im Landesinneren durch das Wadi Sirhan nach Busra und Damaskus.

Im 1. Jh. v. Chr. erreichte das nabatäische Staat seine größte Ausdehnung. Es war ein Staat ohne eigentliche Grenzen, ohne Steuern oder soziale Unruhen und mit nur wenigen Sklaven; ein Staat, dessen Streben einzig dem Gewinn durch Handel galt. Entsprechend reagierten die Nabatäer auf Aggressionen von außen mit Verhandlungen oder Rückzug statt mit kriegerischer Verteidigung. Als die Römer im Jahr 106 den Norden der Halbinsel zur »Provincia Arabia« erklärten und die Schifffahrt im Roten Meer forcierten, fruchtete diese Strategie nicht mehr. Endgültig verloren die Nabatäer ihr Handelsmonopol im 3. Jh. n. Chr. Die Handelsströme verlagerten sich gen Osten, und so geriet das nabatäische Handelsimperium in Vergessenheit – und mit ihm seine Hauptstadt.

Erst im Sommer des Jahres 1812 entdeckte der Schweizer Orientreisende Johann Ludwig Burckhardt dieses Weltwunder als erster Europäer wieder › 116. 1924 begannen systematische Ausgrabungen. Seitdem haben Archäologen über 800 Denkmäler verzeichnet – Gräber, Tempel, Opferplätze, Bäder, Brunnen und Kanäle, Mauern und Türme zur Verteidigung, eine Säulenstraße, ein Theater … Diese Kombination aus grandiosen Baudenkmälern der Antike und einer ebenso grandiosen Gebirgslandschaft macht aus Petra eine der fantastischsten Ruinenstätten der Welt.

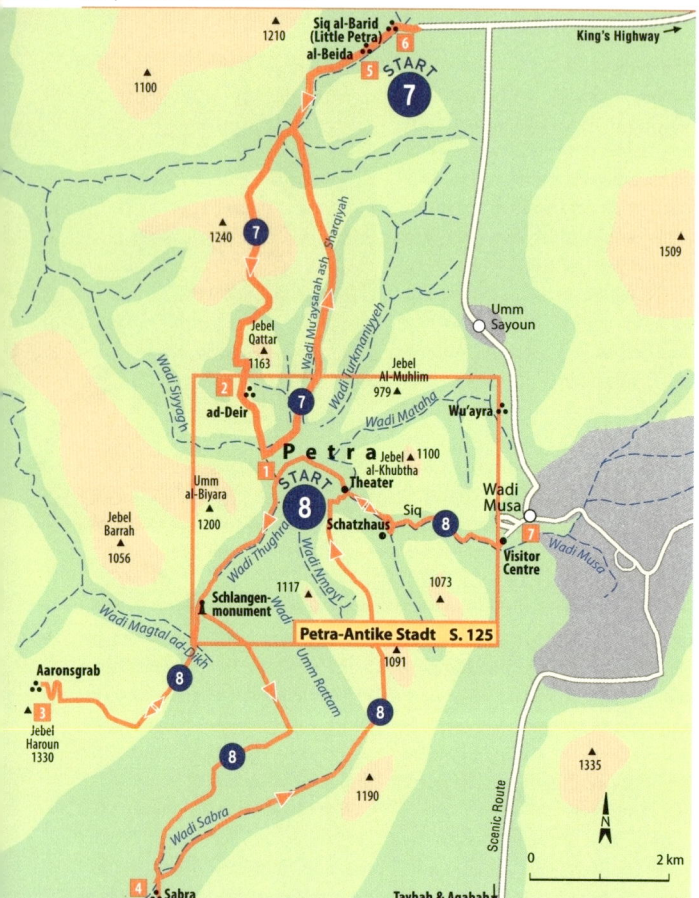

TOUREN IN PETRA

TOUR 7

RUNDWANDERUNG SIQ AL-BARID & AD-DEIR

Siq al-Barid > al-Beida > Jebel Qattar > ad-Deir > antikes Stadtzentrum > Wadi
Mu'aysarah ash-Sharqiyah > Siq al-Barid

TOUR 8

WANDERUNG JEBEL HAROUN & WADI SABRA

Antikes Stadtzentrum (Pharaonensäule) > Wadi Thugra > Snake
Monument > Jebel Haroun > Wadi Sabra (Theater und Quellen) > Siq

TOUREN IN DER REGION

RUNDWANDERUNG
SIQ AL-BARID & AD-DEIR

ROUTE: Siq al-Barid › Al-Beida ›
Jebel Qattar › Ad-Deir › antikes
Stadtzentrum › Wadi Mu'aysarah
ash-Sharqiyah › Siq al-Barid

KARTE: Seite 118
LÄNGE: 14 km; 6–8 Stunden
PRAKTISCHE HINWEISE:

- Man gelangt entweder mit dem
  Taxi (ab Wadi Musa 12 JD) oder per
  Mietwagen zum Siq al-Barid. Die
  Straße dorthin zweigt vor dem
  Mövenpick Resort nach Norden
  ab und ist mit »al-Beida« ausge-
  schildert.
- Am Parkplatz vor dem Eingang
  zum Siq al-Barid sollte man sich
  einen lokalen Führer nehmen
  (oder alternativ im Ammarin Camp
  › S. 128 vorab einen Führer orga-
  nisieren; je nach Teilnehmerzahl
  70–160 JD pro Tag).
- Voraussetzungen für diesen Trail
  sind Schwindelfreiheit und gute
  Kondition
- Zur obligatorischen Ausrüstung
  gehören neben knöchelhohen
  Wanderschuhen unbedingt eine
  Kopfbedeckung und ausreichend
  Proviant an Trinkwasser, d.h.
  mindestens 2 l.

TOUR-START:

Nach einer kurzen Erkundung des
Canyons **Siq al-Barid** 6 › S. 127
geht es vom Parkplatz gen Süden,
vorbei an Sandsteinbuckeln und
später durch Felder, etwa eine Vier-
telstunde bis zu den neolithischen
Ruinen von **Al-Beida** 5 › S. 126.

Die Strecke verläuft weiter über
eine hügelige Hochebene bis zum
Jebel Qattar, den man an der West-
seite umrundet. Der Pfad ist schmal
und führt teils unmittelbar an den
steil aufragenden Bergflanken entlang bis zum Felsentempel **Ad-
Deir** 2 › S. 126. Hier ist unbedingt
Schwindelfreiheit vonnöten. Nach
einem frischen Minztee, den die
kleine Teestube in einer Höhle serviert, geht es über Steinstufen hinunter ins antike Stadtzentrum. Unten kann man sich in einem der
Restaurants für den Rückweg durch
das Wadi Mu'aysarah ash-Sharqiyah
stärken. Der Weg ins Tal führt gleich
hinter dem Museum den Hügel hinauf. Vorbei an Erdgräbern gelangt
man ins Wadi, das mit seinen im
Frühjahr leuchtend rosa blühenden
Oleandersträuchern und den zahllosen kleinen in die Talwände gehauenen Gräbern eines der sehens-
wertesten Seitentäler von Petra ist.

Kurz vor Erreichen der Fahrstra-
ße, auf der man zum Ausgangspunkt **Siq al-Barid** – etwa 500 m –
zurückwandert, empfiehlt sich noch
ein Blick in die Zisterne nördlich
der Straße, die durch eine schmale
Türöffnung betreten werden kann.

TOUR 8

WANDERUNG JEBEL HAROUN & WADI SABRA

ROUTE: Antikes Stadtzentrum (Pharaonensäule) › Wadi Thugra › Snake Monument › Jebel Haroun › Wadi Sabra › Siq

KARTE: Seite 118, 125
LÄNGE: ca. 29 km; 2 Tage (mit Zeltübernachtung im Wadi Sabra)
PRAKTISCHE HINWEISE:
- Die Organisation überlässt man am besten einer der spezialisierten Agenturen vor Ort wie Petra Moon › S. 31.
- Für ihre persönliche Ausrüstung benötigen Sie, bei Unterstützung einer lokalen Agentur, nur noch Wanderschuhe, Kopfbedeckung, Sonnenschutz, Wasserflaschen.

In Wadi Musa starten Touren durch Petra

TOUR-START:

Die erste Stunde der zweitägigen Trekkingtour verläuft auf flachem Terrain. Oberhalb des **Großen Tempels** P › S. 124 ragt die Pharaonensäule auf dem Katutah-Hügel empor. Von da wandert man auf einem ausgetretenen Pfad Richtung Südwesten hinab ins Wadi Thugra. Dieses Tal, der einstige südliche Hauptzugang nach Petra, führt bis zu der kleinen Nekropole mit einer Felsskulptur, die den Namen Snake Monument erhielt. Die Gräber werden nach wie vor von Beduinen bewohnt.

Südlich vom Snake Monument erstrecken sich Felder bis zum Fuß des **Jebel Haroun** 3 › S. 126. Ein gut erkennbarer Pfad windet sich an seinen steilen Flanken hinauf zum Aaronsgrab auf dem Gipfel (ca. 2 Std. Gehzeit). Etwas unterhalb ist derzeit ein finnisches Archäologenteam damit beschäftigt, ein byzantinisches Kloster freizulegen.

Nach der Mittagspause hat man weitere 4 bis 5 Std. Gehzeit vor sich. Zunächst geht es wieder zurück zum Snake Monument. Von dort zweigt der Weg ins **Wadi Sabra** 4 › S. 126 ab. Vom antiken Theater sind die in den Fels gehauenen Sitzreihen erhalten. Unterhalb erstreckt sich die antike Siedlung, von der etliche Haus- und Tempelruinen erkennbar sind. Nahebei sprudelt Ayn Sabra, die Sabra-Quelle, aus dem Boden. Im Tal stellt man sein Zelt für die Nacht auf.

Für die 10 km Weg am nächsten Tag sollte man eine Zeit von etwa 4 Std. einplanen. Der Weg führt immer talaufwärts, bis das Wadi nur noch eine schmale Schlucht ist. Aus dem Wadi führt dann an der westlichen (linken) Flanke ein zum Teil getreppter Pfad hinaus. Anschließend wandert man auf einem Höhenrücken in Richtung **Hoher Opferplatz** ⓓ › S. 123. Den Weg, der vom Äußeren Siq auf den Opferplatz hinaufführt, erreicht man unmittelbar oberhalb der Klamm. Und wenn man nicht noch einen Abstecher nach Westen (links) auf den Zib Atuf unternehmen möchte, steigt man über die zahllosen Stufen hinab zum Siq.

VERKEHRSMITTEL

• Das beste Fortbewegungsmittel in Wadi Musa sind Taxis. Sie kosten innerhalb des Ortes, egal wohin, 2 JD. Alternativ verbinden Minibusse den Ortskern mit Umm Sayhoun, Taybeh und Beidha/Little Petra.

• Wadi Musa ist von Amman und Aqabah aus mit öffentlichen Verkehrsmitteln gut erreichbar.

• Vom Haupteingang bis zum Beginn des 1200 m langen Inneren Siq sind es etwa 800 m: Am besten legt man den Weg zu Fuß zurück. Auf Pferd bzw. Esel oder Kutsche sollte man verzichten, denn die Tiere werden schlecht behandelt.

💬 BESUCH VON PETRA

Mindestens zwei Tage sollte man einplanen, um die wichtigsten antiken Bauten zu bewundern. Wer einige Tage mehr zur Verfügung hat, kann die Besichtigungen ausführlicher gestalten und Wanderungen in der landschaftlich schönen Umgebung unternehmen › S. 119, 120.

Startpunkt jeder Erkundungstour ist das **Petra Visitor Centre** in Wadi Musa, gegenüber vom Mövenpick-Hotel (Tel. 03/215 70 93, www.visitpetra.jo, tgl. 6–18, im Winter bis 16 Uhr, Schalterschluss 1 Std. früher). Hier kann man die Tickets kaufen und einen Führer anheuern (Tickets zu 50/55/60 JD für 1/2/3 Tage. Achtung: Schwierigkeiten mit Kreditkartenzahlung!). Der Haupteingang zur antiken Stadt liegt einige Meter südwestlich vom Visitor Centre.

Am ersten Tag in Petra kann man den Siq › S. 122, das Schatzhaus des Pharaos › S. 122, das Römische Theater › S. 123 und das Gebiet um den Cardo Maximus › S. 124 erkunden und zum krönenden Abschluss den Aufstieg zum Hohen Opferplatz › S. 123 einplanen. Am Abend bleibt dann noch Zeit für die stimmungsvolle Show »Petra by Night« › S. 122.

Am zweiten Tag bietet sich ein frühmorgendlicher Aufstieg (am besten bereits um 6 Uhr ab Visitor Centre) zum ad-Deir › S. 126 an. Anschließend besichtigt man die byzantinische Kirche › S. 124 sowie die Königswand › S. 124. Danach geht es weiter zum Mausoleum des Sextius Florentinus › S. 124. Wer es ein wenig abenteuerlich mag, wählt den Weg durch das sehr enge Wadi Muthlim zurück zum Visitor Centre (Kletterpartie, nicht bei Regen!). Am späteren Nachmittag kann man zum Siq al-Barid › S. 127 fahren und auf dem Rückweg einen Stopp an der Straße oberhalb der Ruinen der Kreuzfahrerburg al-Wu'ayra einlegen, um den Sonnenuntergang zu genießen.

UNTERWEGS IN PETRA

DIE ANTIKE FELSEN-STADT [1] ⭐[10] 📖 C/D15

Wenige Hundert Meter nach dem Visitor Centre tauchen am rechten Wegrand die ersten Denkmäler auf – drei Djin-(Geister-) Blöcke, die lange für Wasserspeicher gehalten wurden, jedoch wahrscheinlich einen sehr frühen Grabtypus darstellen. Gegenüber sieht man das von vier pyramidalen Pfeilern bekrönte Obeliskengrab über dem Bab-As-Siq-Triklinium, einem nabatäischen Gebäude, das wohl als Versammlungs- und Gedenkraum diente.

DER INNERE SIQ

Nach den Djin-Blöcken verengt sich der abschüssige Weg zum Siq, jener schmalen Schlucht, die den genauso legendären wie repräsentativsten Zugang zur Metropole der Nabatäer darstellt.

Am Eingang des Siq befand sich schon vor 2000 Jahren ein Damm, der die Hauptstadt vor winterlichen Flutwellen schützte. 1968 errichtete man nach einer verheerenden Sturzflut erneut ein Wehr. Seither leitet der von den Nabatäern gegrabene Tunnel im Notfall die Wassermassen in ein Seitental ab.

Bis zu 70 m hoch ragen die Wände zu beiden Seiten des Weges fast lotrecht empor. Man läuft streckenweise über das antike Pflaster, mit dem damals der gesamte Siq gepflastert war.

SCHATZHAUS DES PHARAOS (KHAZNE FARAUN) Ⓐ

Kurz vor seinem Ende verengt sich der Siq ein letztes Mal. Dann tritt man aus der dämmrigen Schlucht auf einen etwa 250 m langen und 70 m breiten, von Felswänden umschlossenen Platz und hat Khazne Faraun vor sich, das Schatzhaus des Pharaos – auch eines der berühmtesten Fotomotive von Petra. Fast 40 m hoch ist die mächtige, in den Fels gemeißelte Fassade des Grabes

---

💬 **PETRA BY NIGHT**

Romantischen Zauber entfaltet die Veranstaltung Petra by Night. Aberhunderte Kerzen illuminieren den Siq, durch den die Besucher unter dem Sternenhimmel bis zum Schatzhaus spazieren. Dort bekommen sie im flackernden Licht Tee kredenzt und werden von musizierenden Beduinen und einem Märchenerzähler verzaubert, ehe jeder für sich den Weg zurück antritt. Um trotz der bis zu 200 Besucher die Stille genießen zu können, empfiehlt es sich, ganz am Ende der Menge zu laufen. Die Märchen beginnen erst, wenn auch der letzte Besucher vor dem Schatzhaus angekommen ist. Mo, Mi/Do 20.30 Uhr, 17 JD, Tickets und Start im Visitor Centre > S. 121.

von der Säulenbasis bis zur bekrönenden Urne. Sie ist mit Götter-, Tier- und mythologischen Figuren geschmückt.

STRASSE DER FASSADEN

Hinter dem Khazne Faraun verbreitert sich das Tal zum **Äußeren Siq.** Dieser lenkt den Besucher zunächst an der Straße der Fassaden vorbei. Schlichte, strenge Formen wechseln mit üppig barocken Elementen ab. Halbverschüttete Portale bezeugen, dass das Wegniveau zur Blütezeit vor 2000 Jahren deutlich tiefer lag.

HOHER OPFERPLATZ

Kurz vor den ersten Fassaden führt ein schmaler, getreppter Pfad auf den al-Madhbah (»Altar«) genannten Hohen Opferplatz hinauf. › mehr S. 12 Punkt ❶ Den antiken Eingang zum Heiligen Bezirk markieren zwei **Obelisken** (Zib Atuf) ❶, die aus dem Fels herausgehauen wurden. Verlässt man etwa auf halber Höhe die Treppe und läuft nach rechts über einen sandigen Pfad, gelangt man zu einem wunderbaren Aussichtspunkt – ganz Petra liegt einem zu Füßen. Auf dem künstlich abgeflachten Gipfelplateau liegt der **Hohe Opferplatz** ❶ mit umlaufendem Triklinium und Altären.

Der Rückweg ins Stadtzentrum führt nochmals an den Obelisken vorbei, dann jedoch nach rechts abknickend ins **Wadi Farasa.** Hier folgen auf den **Löwenbrunnen** ❶ der **Gartentempel** ❶ und das **Soldatengrab** ❶ mit dem Bunten Saal. Wenig westlich des Theaters erreicht man das Stadtzentrum.

RÖMISCHES THEATER ❶

Gleich hinter der Abzweigung zum Opferplatz, auf der linken Seite, liegt im Äußeren Siq das Theater. Zwischen 7000 und 8500 Menschen fanden auf den vierzig in den Fels geschlagenen Rängen Platz, die um die nach römischer Tradition halbkreisförmige Orchestra angelegt wurden. Schon die Nabatäer hatten hier ein Theater gebaut, die Römer erweiterten dann die Anlage. In byzantinischer Zeit könnte es dann als städtisches Wasserreservoir genutzt worden sein.

Petra bei Nacht

Das Urnen-, Seiden- und Korinthische Grab

KÖNIGSWAND

Schräg gegenüber dem Theater führt eine Treppe hinauf zu Petras imposantesten Fassadengräbern an der Königswand. In den zwölf Mausoleen wurden vermutlich nabatäische Könige beigesetzt.

Den nachhaltigsten Eindruck hinterlässt wahrscheinlich das Urnengrab ❶ mit seinen riesigen Eckpfeilern und Halbsäulen sowie einer mehrstöckigen, von einem mächtigen Giebel bekrönten Fassade. Es wird oft fälschlicherweise als Gerichtsgebäude bezeichnet. Manche Forscher sehen darin das Grab des Königs Malichus II. Fest steht, dass der Bau 446 zur Kathedrale von Petra geweiht und seine Grabnischen an der Rückwand des Felssaales zu Apsiden ausgewölbt wurden.

Vorbei an dem Seidengrab ❿, das den Namen der bunten Maserung seiner Steinfassade verdankt, führt der Weg zum Korinthischen Grab ⓚ. Nördlich davon liegt in unmittelbarer Nachbarschaft das dreistöckige imposante Palastgrab ⓛ und, gut 300 m entfernt, das Mausoleum des Sextius Florentinus ⓜ – der Statthalter, der unter Kaiser Hadrian die Provincia Arabia verwaltete.

CARDO MAXIMUS

Steigt man wieder hinab zum Äußeren Siq und folgt dem Wadi Musa in Richtung Westen, gelangt man am Nymphäum ⓝ, dem öffentlichen Brunnen, vorbei zur römischen Kolonnadenstraße, dem Cardo Maximus ⓞ. Dieser wurde mindestens bis ins 6. Jh. genutzt. Rechts und links lassen sich Ruinen und Fundamente von Häusern, Palästen, Tempeln, Läden und Markthallen erkunden. Das Areal zur Linken wurde von Wissenschaftlern als Forum (Marktplatz) identifiziert.

Weiter westlich erheben sich die kolossalen Reste des im späten 1. Jh. v. Chr. entstandenen Großen Tempels ⓟ, dahinter die steinernen Zeugnisse der ehemaligen Bäder.

Jenseits des Cardo haben Archäologen eine große byzantinische Kirche ⓠ mit dreifacher Apsis und gut erhaltenen Mosaiken freigelegt. Nur ein paar Schritte westlich befinden sich die Überreste eines Heiligtums, das aufgrund der figürlich gestalteten Kapitelle die Bezeichnung Tempel der geflügelten Löwen trägt.

TEMENOS

Das dreiteilige, noch in Fragmenten erhaltene **Temenostor** 🅡, das die Säulenstraße einst in ihrer ganzen Breite abschloss, markiert die Grenze zwischen dem profanen und dem sakralen Bereich von Petra. Im Jahr 114 n. Chr. zu Ehren Kaiser Trajans errichtet, diente es zugleich als Triumphbogen und als Eingangstor in den Temenos, den lang gestreckten Tempelbezirk.

An dessen Ende steht der Haupttempel der antiken Stadt, den die Beduinen **Qasr al-Bint Faraun** 🅢 (»Palast der Tochter des Pharaos) nennen. Petras einziges völlig frei stehendes Bauwerk war dem Gott Dushara, dem »Herrn der Berge«, geweiht.

AL-HABIS

Auf dem kleinen Berg westlich des Tempels, dem Al-Habis, finden sich ein weiterer Opferplatz und auf einem Nachbargipfel die Ruine einer von den Kreuzrittern erbauten Burg. Auf dem Weg dorthin kann man das **Archäologische Museum** 🆃 besuchen – zumindest so lange der 2014 beschlossene Museumsneubau nahe dem Visitor Cen-

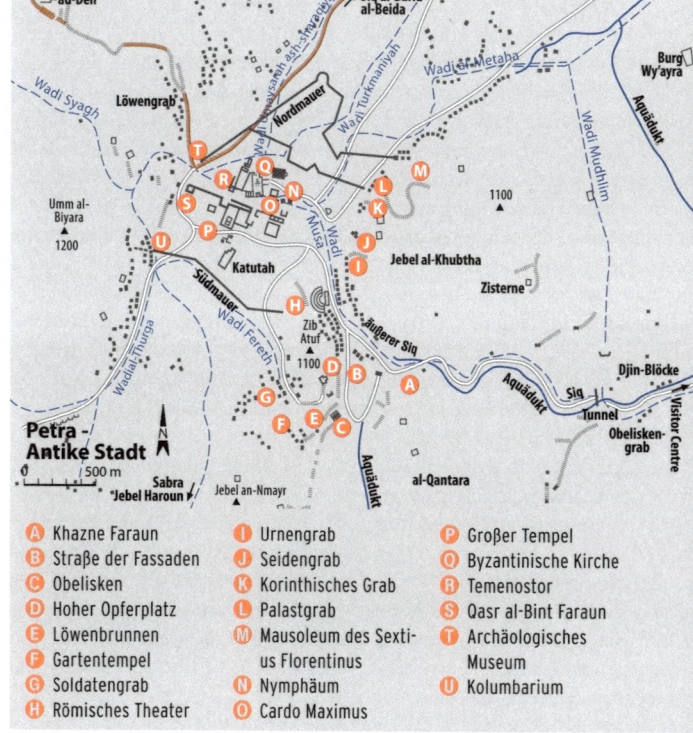

A Khazne Faraun
B Straße der Fassaden
C Obelisken
D Hoher Opferplatz
E Löwenbrunnen
F Gartentempel
G Soldatengrab
H Römisches Theater
I Urnengrab
J Seidengrab
K Korinthisches Grab
L Palastgrab
M Mausoleum des Sextius Florentinus
N Nymphäum
O Cardo Maximus
P Großer Tempel
Q Byzantinische Kirche
R Temenostor
S Qasr al-Bint Faraun
T Archäologisches Museum
U Kolumbarium

tre noch nicht verwirklicht ist. Es ist in einer farbenprächtig gemaserten Felshöhle untergebracht und birgt neben diversen kleineren Grabungsfunden nabatäische Keramik sowie Reliefs und Skulpturen in hellenistisch-römischem Stil.

An der Ostflanke des al-Habis verdienen noch ein unvollendetes Grab sowie das sogenannte **Kolumbarium** ① Beachtung, ein nachträglich für Urnen in mehrere Hundert kleine Nischen gegliedertes ehemaliges Nabatäergrab.

RUND UM DIE ANTIKE STADT

Für die weitere Umgebung Petras kann man getrost zwei Wochen einplanen und wird doch nicht alle Naturschönheiten und archäologische Stätten erkundet haben. Mehrtägige Wanderungen organisieren diverse Veranstalter (empfehlenswerte Adressen › S. 31).

AD-DEIR 2 ▮ C15

Auf einer ca. 45-minütigen Wanderung gelangt man zum Felsentempel Ad-Deir (»Kloster«). Der einstige Prozessionsweg kreuzt auf einem Brückchen das Bett des Wadi Musa, führt über etliche Treppen zum sogenannten Löwengrab, das tatsächlich ein Gedenk- und Versammlungssaal ist, dessen Eingangsportal die Reliefs zweier Löwen zieren, und endet jenseits eines Passes auf einem Plateau. Dieses wird beherrscht von der monumentalen Fassade des Ad-Deir. Vermutlich

ein Heiligtum, ist es ähnlich gegliedert wie das Khazne Faraun, jedoch mit einer Breite von 50 m und einer Höhe von 45 m noch größer als das Schatzhaus des Pharao. Die Urne über dem Kapitell ist gigantische 9 m hoch.

JEBEL HAROUN 3 ▮ C15

Haroun, der biblische Aaron, Bruder von Moses, liegt nach Auffassung der Muslime auf dem Jebel Haroun begraben. Der kleine weiße Schrein auf dem Gipfel wurde vermutlich im 14. Jh. errichtet, doch bereits Jahrhunderte zuvor befand sich ein byzantinisches Kloster unmittelbar unterhalb des Gipfels.

SABRA 4 ▮ C15

In den Tälern um Petra lag in nabatäischer Zeit eine Reihe kleinerer Siedlungen, die offenbar als Karawanenrastplätze und Umladestationen dienten. Hierzu gehört Sabra im gleichnamigen Wadi mit einem Theater und Resten von Tempeln und Häusern. Die Wege dorthin beginnen entweder am Hohen Opferplatz oder am Snake Monument. Für die rund 5-stündige Tour ist ein Guide empfehlenswert.

AL-BEIDA 5 ▮ C15

Die neolithischen Ruinen von Al-Beida gehören zusammen mit jenen von Jericho und den erst in jüngerer Zeit ausgegrabenen von Dhra' am Toten Meer zu den ältesten bekannten Siedlungen im Nahen Osten. Zu erkennen sind einige der insgesamt etwa 65 zunächst runden, später eckigen Bauten.

In den weiten Tälern um den Siq al-Barid sollten Wanderer genügend Wasser dabeihaben

SIQ AL-BARID 6 C15

Der Siq al-Barid (»kalter Canyon«) wird oft als »Little Petra« bezeichnet. Wie Sabra handelt es sich wohl um eine Art Karawanenvorort. In der Umgebung finden sich großvolumige Zisternen, mit denen die Wasserversorgung auch großer Karawanen sichergestellt war. Durch einen kurzen, etwa 400 m langen Siq betritt man ein lang gestrecktes Tal, in dessen steile Steinflanken ein Tempel und mehrere Triklinien geschlagen wurden.

WADI MUSA 7 D15

Oberhalb der antiken Stadt siedelten seit jeher Bauern. Mit dem einsetzenden Tourismus entwickelte sich das Örtchen Wadi Musa zu einer lebhaften Kleinstadt. Die meisten Menschen leben hier von Dienstleistungen und vom Waren-

verkauf für die zahlreichen Besucher. Wadi Musa wird auch das gesamte Gebiet um Petra bezeichnet.

HOTELS

Die hochpreisigen Hotels befinden sich direkt am Visitor Centre oder an den Abhängen oberhalb von Wadi Musa, die Mittelklassehotels meist im Zentrum.

Hyatt Zaman €€€

Im alten Dorf Taybeh wurden die aus osmanischer Zeit stammenden Bauten renoviert. In den Häusern sind nun 95 im traditionellen Stil gehaltene, luxuriöse Zimmer zu finden.

• an der Straße von Wadi Musa nach Süden
Tel. 03/215 01 11
www.hyattzaman.com

Mövenpick Resort Petra €€€

Von außen recht kühl wirkend, entfaltet das Mövenpick die ganze Pracht eines alten Damaszenerhauses – inklusive eines Atriums mit mosaikengeschmücktem Springbrunnen und Palmen. Zum Sonnenuntergang sollte man auf der Dachterrasse stehen und den einmaligen Blick über die orangerot erglühenden Sandsteinmassive Petras genießen.

• direkt oberhalb des Visitor Centre
  Wadi Musa
  Tel. 03/215 71 11
  www.movenpick.com

🗨 PETRAS BEDUINEN

Bis Mitte der 1980er-Jahre gehörten die zu Häusern umfunktionierten Grabhöhlen und die schwarzen Ziegenhaarzelte der Bdul-Beduinen zum festen Bestandteil des antiken Weltwunders. 1985 siedelte die Regierung allerdings fast alle im Stadtgebiet von Petra ansässigen Beduinen in eine Siedlung aus Betonhäusern mit fließend Wasser und Elektrizität um. Damit gingen die traditionellen Lebensformen verloren, das ungemein enge Sozialgefüge zerbrach weitgehend.

BUCHTIPP: »Im Herzen Beduinin« (Blanvalet, 2008) von Marguerite van Geldermalsen. Eine Neuseeländerin heiratet einen Beduinen aus Petra und lebt bis zu seinem Tod mit ihm erst in den Gräbern Petras, später in der Bdul-Siedlung. Ehrliche, berührende Schilderung insbesondere der Lebensumstände der Bdul.

Ammarin Beduin Camp €€

Von den Ammarin, einem bei Petra lebenden Beduinenstamm, geführtes Camp mit traditionellen schwarzen Ziegenhaarzelten, in denen richtige Betten angenehme Nachtruhe versprechen. Die Sanitäranlagen mit WC und warmen Duschen liegen nahe dem zentralen Zelt, in dem auch Tee und Mahlzeiten serviert werden.

• an der Zufahrtsstraße zum Siq al-Barid
  ausgeschildert, ca. 1 km von der Straße
  entfernt
  Tel. 079/975 55 51
  www.bedouincamp.net

RESTAURANTS

Neben den Hotelrestaurants gibt es in Wadi Musa eine Reihe einfacher Lokale, in denen man *mezze* und Grillgerichte zu ziemlich hohen Preisen findet. Die meisten Gäste essen in ihren Hotels.

Petra Kitchen €€€

Ein kulinarisches Erlebnis: Kleine Gruppen bereiten gemeinsam mit Küchenprofis lokale Spezialitäten zu, die anschließend gemeinsam verzehrt werden. Unbedingt reservieren! Sommer 19.30 Uhr, Winter 18.30 Uhr. > mehr S. 14 Punkt **16**

• etwas oberhalb des Mövenpick Resort,
  200 m östlich
  Wadi Musa | Tel. 03/215 59 00
  www.petrakitchen.com

Cave Bar €€

Die originelle Bar befindet sich in einem 2000 Jahre alten Nabatäergrab. Es gibt Imbisse und gute Drinks, auf Vorbestellung können Sie auch ein original nabatäisches Menü probieren.

• hinter dem Visitor Centre, nahe Petra
  Guesthouse | Wadi Musa
  Tel. 03/215 62 66

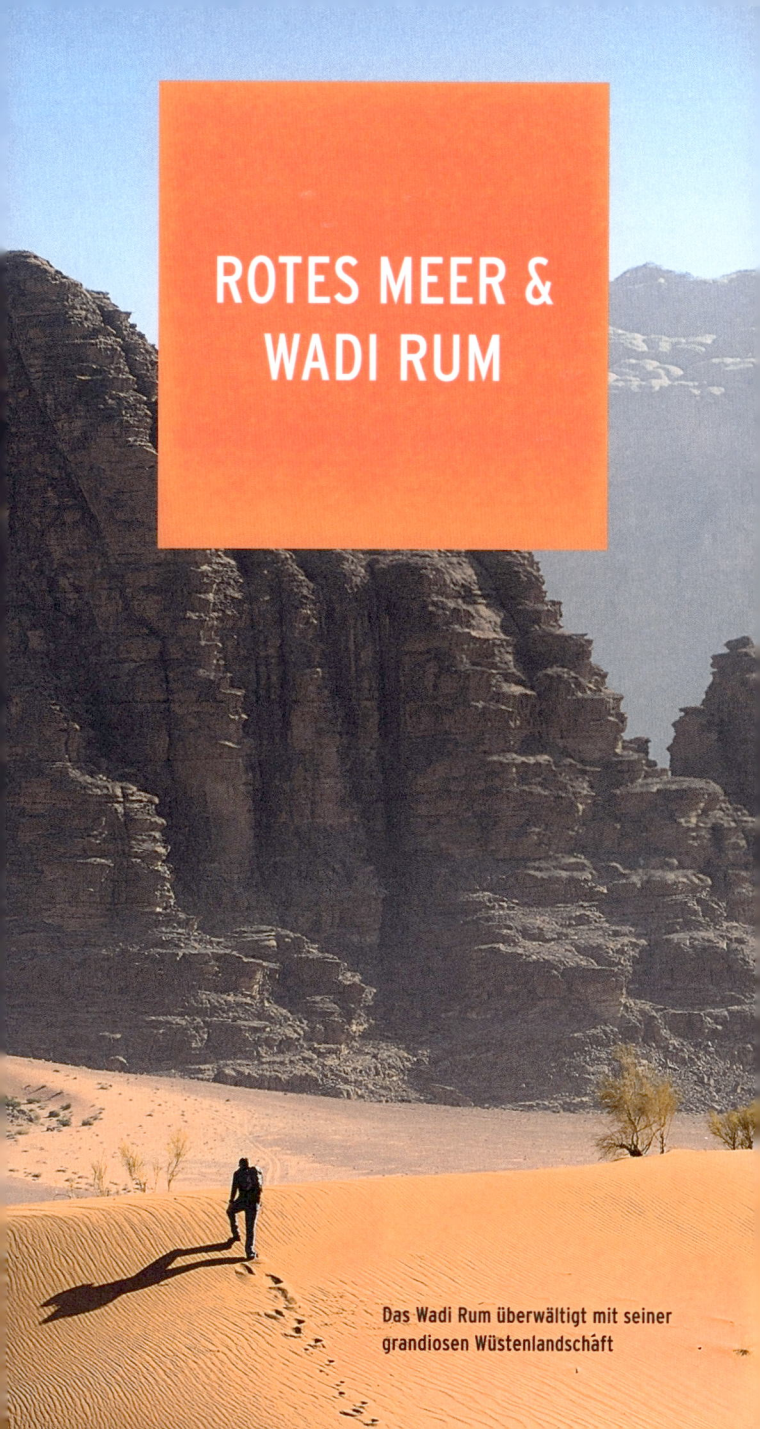

ROTES MEER &
WADI RUM

Das Wadi Rum überwältigt mit seiner
grandiosen Wüstenlandschaft

Ganz im Süden Jordaniens locken zwei beliebte Ziele, die unterschiedlicher nicht sein könnten: Aqabah mit der traumhaften Unterwasserwelt des Roten Meeres und die faszinierende Wüstenlandschaft des Wadi Rum.

Seiner strategisch wichtigen Lage am Nordrand des Roten Meeres verdankt **Aqabah** eine wechselvolle Geschichte sowie seine Bedeutung als Handelsstadt und Durchgangsort für Mekkapilger. Noch Mitte der 1990er-Jahre war Jordaniens einzige Hafenstadt nur für die Verschiffung der Industrieprodukte des Landes interessant. Erst im Jahr 2000 setzte mit der Einrichtung der »Aqaba Special Economic Zone« (ASEZ) ein bis heute ungebremster Boom ein, der Aqabah jäh aus seiner dörflich-konservativen Ruhe herausriss und der Stadt schicke Einkaufszentren und Promenaden bescherte. Die Bucht von Aqabah, in der auf engstem Raum vier Staaten – Saudi-Arabien, Ägypten, Israel, Jordanien – aneinandergrenzen, erfreut sich eines gesegneten Klimas. Zudem zählt der Golf von Aqabah mit seinen Korallenriffen zu den schönsten Tauchgebieten der Welt.

Nur 50 km östlich des blau glitzernden Meeres erstreckt sich in der Hismah-Wüste eine der faszinierendsten Wüstenlandschaften der Welt – das **Wadi Rum**. Die Erosion hat eine surreal wirkende, von wild zerklüfteten Granit- und Sandsteingipfeln eingefasste Zauberlandschaft geschaffen, die von Weiß über Gelb und Orange bis Rostrot schillert. Die Wüste, der Himmel und vor allem die Stille scheinen unendlich.

Auch nördlich des Wadi Rum setzen sich die Sandsteinmassive weiter fort, gehen jedoch bald in sandige Ebenen mit nur vereinzelten Erhebungen aus hellerem Sandstein über. Wer über den zur Autobahn ausgebauten **Desert Highway** gen Norden fährt, erreicht bei Ras an-Naqab den Gebirgsabbruch. So pittoresk und wasserreich das Wadi Rum sein mag – spätestens an dieser Stelle wird einem klar, dass das Leben der Menschen in dieser Gegend stets von Entbehrungen geprägt war. Ein »Tod im Leben«, wie es T. E. Lawrence in seinem Buch »Die Sieben Säulen der Weisheit« so treffend bemerkte.

Das moderne Aqabah

TOUREN IN DER REGION

TOUR
9

GELÄNDEWAGENTOUR ZUM JEBEL UMM AD-DAMI

ROUTE: Rum Village › Ayn ash-Shallalah › Jebel Umm Ishrin › Rote Dünen › Siq al-Barrah › Wadi al-Beida › Al-Ksayr › Khorr al-Adjram › Jebel Burdah › Jebel Umm Fruth › Wadi Sa'bat › Jebel Umm ad-Dami › Jebel Qattar › Siq al-Khazzali › Jebel Umm Ulaydiyah › Rum Village

KARTE: Seite 131, 140
LÄNGE: ca. 80 km/2 Tage
PRAKTISCHE HINWEISE:

- Einen ortskundigen Fahrer, der die Strecke kennt, vermittelt das Visitor Centre › S. 142. Ziel und Route vor der Buchung klar absprechen. Ein Geländewagen kostet inkl. Benzin und Fahrer 80 JD pro Tag.
- Lebensmittel kauft man sinnvollerweise gemeinsam mit dem Fahrer ein. Zur Ausrüstung gehören ein Ersatzreifen und Wasservorräte (pro Tag/Person ca. 10 l). Die Fahrer haben einfache Campingausrüstung dabei. Einen Schlafsack sollte man selbst mitbringen, die Wüstennächte sind kalt!
- Die Besteigung des Umm ad-Dami ist selbst für Ungeübte leicht zu bewältigen.

TOUR-START:
Die Tour beginnt am Visitor Centre in **Rum Village** 🅛 › S. 141. Von dort geht es nach Süden und zunächst aus dem **Wadi Rum** 2️⃣ › S. 139 hinaus. Wer mag, legt eine kurze Pause an der Ayn ash-Shallalah (Lawrence-Quelle) › S. 141 ein. Die Strecke folgt im ersten Abschnitt der Kameltrekkingtour › S. 132. Vom al-Ksayr jedoch biegt man im Tal Khorr al-

Adjram gen Südosten ab und gelangt so zum **Jebel Burdah** › S. 141. An der Westflanke des Berges liegen einige schöne (wilde) Campingplätze, von denen man in den Abendstunden einen wunderbaren Blick in die sandigen Täler hat.

Am kommenden Morgen hat man bei einem einigermaßen frühen Aufbruch die Brücke am **Jebel Umm Fruth** › S. 141 ganz für sich. Durch eine in Beige- und Sandtönen gehaltene Landschaft mit niedriger werdenden Bergmassiven kommt man, nach Süden fahrend, ins Wadi Sa'bat und damit zum Fuß des Umm ad-Dami D20 – mit 1854 m Jordaniens höchster Berg. In etwa einer Stunde gelangt man auf den Gipfel. Nach dem Abstieg ist es Zeit für eine Mittagspause am Fuß des Berges.

Auf dem Rückweg empfiehlt sich ein Abstecher zur in einer Höhle gelegenen Quelle am Jebel Qattar und die Besichtigung der Gravuren im Siq al-Khazzal. Nach einem Stopp am Sunset Point an der Südspitze des Jebel Umm Ulaydiyah gelangt man zurück ins **Rum Village** bzw. zum Visitor Centre.

TOUR 10

KAMELTREKKING IM WADI RUM

ROUTE: Rum Village › Wadi Umm Ishrin › Rote Dünen › Siq al-Barrah › Wadi al-Beida › Al-Ksayr › Jebel Qabr Amra › Jebel Umm Fruth › Jebel Khazzali › Ayn ash-Shallalah › Rum Village

KARTE: Seite 131, 140
LÄNGE: 3 Tage, je 15–20 km

Im Geländewagen ist die Tour durch das Wadi Rum weniger schweißtreibend als zu Fuß

PRAKTISCHE HINWEISE:
- Dieses Kameltrekking sollte man unbedingt vorab im Herkunftsland buchen > S. 32.
- Zum eigenen Reitkamel kommen Kosten für einen ebenfalls berittenen Guide und ein Gepäckkamel pro zwei Personen hinzu, alternativ ein Geländewagen zum Gepäck- und Wassertransport. Vor Ort kostet ein Kamel (egal, ob Reit- oder Lastkamel) pro Tag ca. 30 JD, der Gepäckwagen ca. 80 JD pro Tag.
- Reitkenntnisse sind nicht erforderlich, jedoch ist eine Erfahrung im Umgang mit großen Tieren von Vorteil. Der Guide schätzt Kondition und Reitvermögen seiner Gäste sicher ein und variiert die Route entsprechend.
- Das Tagespensum im Sattel liegt bei etwa 6 Std., ein typischer Ablauf sieht so aus: morgens 8 bis 10 Uhr reiten, 30-minütige Teepause, 10.30–13 Uhr reiten, zwei Stunden Mittagspause, 15–17 Uhr reiten.
- Übernachtet wird im Zelt, das Wasser wird ausschließlich zum Trinken und Kochen verwendet. Die Mahlzeiten (inklusive) werden im Camp zubereitet. Müll muss gesammelt und wieder mit ins Rum Village zurückgenommen werden. Toilettenpapier bitte verbrennen, da es kaum verrottet.

TOUR-START:

Frühmorgens bricht man mit den Kamelen auf. Die Strecke führt zunächst vom Visitor Centre im **Wadi Rum** [2] > S. 142 durch den Korridor zwischen den Massiven des Jebel Rum und des Jebel Umm Ajil nach Süden. Um die Südspitze des Umm Ajil herum geht es wieder nach Norden in das Wadi Umm Ishrin. Rechter Hand liegen am Fuß des Jebel Umm Ulaydiyahdie **Roten Dünen** [K] > S. 141, die auch bestiegen werden können.

Eine Pause in der heißen Mittagszeit bietet sich in einem Talkessel am Jebel Umm Ishrin mit weit oben im Bergmassiv verborgener Zisterne und etlichen Felsgravuren an. Danach überquert man den breiten Talgrund des Wadi Umm Ishrin gen Nordosten und biegt schließlich von Nordwesten kommend in den Siq al-Barrah ein. Der gewundene Siq schlängelt sich zwischen Jebel Barrah und Jebel Abu Djudaydah hindurch. In einem schattigen Talkessel mit hohen Dünen kann man geschützt nächtigen.

Am Morgen des zweiten Tages durchquert man den Südteil des Siq al-Barrah und gelangt von da aus in das Wadi al-Beida, das »Weiße Tal«. Am südöstlichen Fuß des Jebel Umm Kharag, verborgen unter einem Felsdach, liegt **al-Ksayr** [O] > S. 141, das Lawrence-Haus. Es blickt gen Süden hinunter auf den Khorr al-Adjram, ein breites, von Nordwesten nach Südosten verlaufendes Tal, gleichzeitig ein Hauptverkehrsweg.

Man durchquert das Tal und gelangt an seiner Südseite zum Jebel Qabr Amra, an dessen Ostflanke sich eine kleine natürliche Brücke gebildet hat. Der Fels ist griffig, und so kann man die Brücke auch erklimmen und auf recht schmalem Grat überqueren. Nur kundige Reiter und Reiterinnen schaffen es noch an diesem Tag bis zum **Jebel Umm Fruth** ⑥ › S. 141, weit im Süden. Die anderen bleiben in den stillen Tälern östlich des Jebel Qabr Amra und schlagen hier über Nacht ihre Zelte auf.

Am dritten Tag reitet man südlich um den **Jebel Khazzali** ⑦ › S. 141 herum. Wer mag, erkundet den Siq, der an der Nordspitze des Khazzali tief in den Berg hineinführt und an dessen Wänden viele Gravuren erhalten sind. Nochmals gilt es, den Khorr al-Adjram zu queren, um, nun wieder an der Ostflanke des Jebel Rum angelangt, zur Lawrence-Quelle › S. 141 (Ayn ash-Shallalah) hinaufzuklettern, bevor man zurück ins Rum Village reitet. Falls man zum Abschluss in die Familie des Guides eingeladen wird, sollte man etwas Obst oder ein paar Süßigkeiten als Geschenke für die Kinder mitbringen.

VERKEHRSMITTEL

- Aqabah ist mit Amman per Autobahn, Fernbussen und Inlandsflügen verbunden › S. 26.
- Per Auto, per Taxi (ab Aqabah ca. 20 bis 30 JD, ab Wadi Musa ca. 40–60 JD, ab Amman ca. 80–100 JD) oder mit Minibussen gelangt man von Aqabah oder Petra ins Wadi Rum.
- Im Wadi Rum ist das Fahren mit eigenen Geländefahrzeugen für Besucher aus Naturschutzgründen generell nicht erlaubt.

UNTERWEGS AM ROTEN MEER

AQABAH 1 ⭐ 📕 B19

Jordaniens einzige Stadt am Meer zählt etwa 130 000 Einwohner, mit deutlich steigender Tendenz. Diesen Boom verdankt sie ihrer Bedeutung als Hafen – Phosphat aus der Wüste, Pottasche vom Toten Meer und Düngemittel aus Aqabah werden von hier aus in alle Welt verschifft – und Freihandelszone sowie den Tauchgründen vor der Küste. Hypermoderne Shoppingmalls und Luxushotels entstanden. Und man will noch mehr: Gigantische Resorts mit Namen wie Aqabah Lagoon und Tala Bay sowie Jachthäfen, Golfplätze und Aquaparks etc. sind für die nächsten Jahre geplant bzw. schon fertiggestellt.

FORT UND AQABAH MUSEUM

Einen Vormittag sollte man sich für einen Bummel auf der Corniche reservieren. Hier liegen Fort und Aqabah Museum. Erbaut von den Mamelucken im frühen 16. Jh. und erweitert unter den Osmanen, diente das **Fort** zumeist als Karawanserei und zur Beherbergung der Mekkapilger. Im Ersten Weltkrieg wurde es von den Briten von See her zerschossen und – man erinnere sich an den Schlachtruf »Nach Aqabah!« aus dem Film »Lawrence von Arabien« – schließlich von der haschemi-

Am Golf von Aqaba genießen Jordanier und Feriengäste Sandstrände und Rotes Meer

tischen Freischärlerarmee einge-
nommen. In dem benachbarten
Aqabah Museum werden u. a.
Fundstücke aus den Grabungen von
Ayla, der mittelalterlichen Hafen-
stadt, gezeigt (Fort und Museum
Sa–Do 8–18, Fr und im Winter nur
bis 16 Uhr, 1 JD Eintritt für beide).

Die eher unspektakulär erschei-
nenden **Ausgrabungen** befinden
sich südlich und nördlich des
Mövenpick Resorts. Es wurden die
Grundmauern einer Kirche entdeckt, die, aus dem späten 3. Jh.
stammend, als einer der ältesten
Kirchenbauten weltweit betrachtet
wird (bei Tageslicht zugänglich,
Eintritt frei).

AQABAH GATEWAY

Der Einkaufs- und Entertainment-
komplex liegt in der Nähe des großen Kreisverkehrs im Norden der
Corniche. In einer künstlichen Lagune liegt eine nachgebaute *dhau*
(traditionelles Schiff). Am Ufer laden zahlreiche Läden zum Schau-
fenster- und Shoppingbummel ein.
Die multimediale Show **The Jordan Experience** entführt Besucher
auf eine virtuelle Reise zu den
schönsten Plätzen des Landes.

STRÄNDE

Die meisten Europäer nutzen die
hoteleigenen Strände. Der **öffentliche Strand** der Stadt erstreckt sich

zwischen dem Jachthafen und dem Mövenpick Resort. Hier sollten Frauen jedoch nicht alleine baden, außerdem im Badeanzug statt im Bikini ins Meer gehen und sich nach dem Baden sofort wieder etwas anziehen. Jordanische Frauen gehen voll bekleidet ins Wasser.

INFO

Aqabah Tourist Information Centre
- Aqaba Special Economic Zone
  Airport St. | Aqabah
  Tel. 03/209 10 00
  www.aqaba.jo
  April–Sept. tgl. 9–18, Okt.–März 9–17 Uhr

HOTELS

InterContinental Hotel €€€
Inmitten eines wundervoll angelegten Gartens mit Pools unter Palmen gelegen, bietet das Luxushotel ein schönes Spa und einen 300 m langen Strand.
- King Hussein St. | Aqabah
  Tel. 03/209 22 22
  www.ichotelsgroup.com

Mövenpick Resort & Residence Aqaba €€€
Großes Luxushotel mit fast 300 Standard- und Superiorzimmern sowie Suiten mit Meerblick. Sauna, Fitnessraum und vier große Pools gehören zum Angebot.
- King Hussein St. | Aqabah
  Tel. 03/203 40 20
  www.movenpick.com

Golden Tulip €€
Tadelloses 4-Sterne-Haus in Strandnähe, mit Pool und Wellnessbereich.
- Al Sahadeh St. | Aqabah
  Tel. 03/205 12 34
  www.goldentulipaqaba.com

Captain's Hotel €
Ein gelungener Mix aus arabischer Einrichtung und modern-europäischen Bädern. Exzellentes Fischrestaurant (€€) im Erdgeschoss.
- An-Nahda-St. | Aqabah
  Tel. 03/206 07 10
  www.captains-jo.com

RESTAURANT

Royal Yacht Club Restaurant €€€
Elegantes, mehrfach preisgekröntes Restaurant mit Blick auf den Jachthafen und vornehmlich italienischer Küche.
- Royal Yacht Club | Aqabah
  Tel. 03/202 24 04
  www.romero-jordan.com

SHOPPING

Im Suq zwischen Zahran und Raghadan lassen sich gut Kaffee, Tee und Gewürze erstehen. Besonders stimmungsvoll ist es hier am Morgen, wenn die Beduinen aus der Umgebung zum Einkaufen kommen. Rund um den Markt finden sich außerdem viele kleine Restaurants (€).

AUSFLUG ZUR PHARAONENINSEL ◼ A19

Ein Tages- oder Halbtagesausflug per Boot, buchbar über die Hotels, führt zur Pharaoneninsel (Gezira el Faraun, Île de Graye). Auf dem winzigen aus dem Meer ragenden Vulkanfelsen, der heute zu Ägypten gehört, errichtete Balduin I. im 12. Jh. die imposante **Kreuzfahrerburg,** die man besichtigen kann. Neben einem kleinen Restaurant gibt es auch einen Strand und eine künstliche Lagune zum Schwimmen und Schnorcheln.

ABTAUCHEN IN AQABAH

Die Riffe vor Aqabah sind hervorragende Tauchreviere

MARE ROSTRUM – ROTES MEER

Umgeben von Wüsten und nur durch das »Tor der Tränen« weit im Süden mit dem Indischen Ozean verbunden, außerdem nicht von Süßwasserflüssen gespeist, ist das Rote Meer schon von seiner geografischen Lage her einzigartig. Der hohe Salzgehalt des Wassers und die hohe Wassertemperatur – im Durchschnitt 22,5 °C im Winter und 26 °C im Sommer – bieten ideale Lebensbedingungen für etwa 110 Hartkorallen-, 120 Weichkorallen- und über 1000 Fischarten.

Jordanien verfügt nur über einen winzigen Küstenstreifen von 27 km Länge, eingekeilt zwischen Israel und Saudi-Arabien. Doch sind die geschützten Riffe im **Aqabah Marine Park** B19 zwischen Marine Science Station und Royal Diving Club in vergleichsweise gutem Zu-

stand. Gute Informationen halten folgende Adressen bereit:

- **Aqabah Marine Park**
  Mit Steg zum Schutz der strandnahen Korallen, Museum, Café, Souvenirladen und Aquarien (8–17 Uhr).
  Visitor Centre
  12 km südlich der Stadt
  Tel. 03/203 58 01
- **H2O-Magazine**
  Website der Red Sea Association for Diving and Watersports.
  www.h2o-mag.com
- **Reef Check**
  Beschäftigt sich mit der Erhaltung von Korallenriffen v. a. im Roten Meer.
  www.reefcheck.org

SCHNORCHELN UND TAUCHEN

Da die Korallenriffe direkt unter der Wasseroberfläche und nahe der Küste zu finden sind, muss man nicht tauchen können, um die Geheimnisse des Roten Meeres zu erkunden. Schnorchelausrüstung ist bereits ab etwa 5 JD in allen Tauchbasen erhältlich, und meist nehmen die Tauchbasen gern Schnorchler mit auf eine Exkursion. Die Auswahl an Tauchbasen ist in Aqabah groß, die Preise sind mehr oder minder einheitlich. Vor Ort kostet ein Einflaschen- bzw. Zweiflaschentauchgang ca. 20 bzw. 35 JD, zzgl. 10 JD für eine Leihausrüstung. Bei Vorausbuchung wird es deutlich günstiger.

> mehr S. 12 Punkt ❹

- **Ahlan Aqaba Scuba Diving Centre**
  Al Nahda St.
  Tel. 03/206 22 43
  www.diveinaqaba.com
- **Aqaba International
  Dive Center**
  Tel. 03/203 12 13 oder 079/694 90 82
  www.aqabadivingcenter.com
- **Arab Divers Village**
  Tel. 079/641 20 32
  www.arabdivers.jo
- **Dive Aqaba**
  Tel. 03/201 88 83
  www.diveaqaba.com
- **Sea Star Water Sports**
  im Hotel Alcazar | Tel. 03/201 83 35
  www.aqabadivingseastar.com

KÜSTENNAH – DIE HIGHLIGHTS

1986 wurde die wenige Jahre zuvor ausgebrannte Cedar Pride vom WWF wenig südlich des Hafens von Aqabah versenkt. Das in etwa 25 m Tiefe liegende Schiff ist dicht von Weichkorallen überwuchert und eines der farbenfrohesten und interessantesten Wracks im Roten Meer

geworden. Daneben gibt es für Taucher eine Reihe weiterer faszinierender Riffe:

- **Cedar Pride,** 4 km nördl. des Royal Diving Clubs, intaktes Wrack mit Rettungsboot, Hauptmast, Krähennest. In den Weichkorallen leben unzählige Fische.
- **Oliver's Canyon,** 3 km nördlich des Royal Diving Clubs, bis auf ca. 40 m abfallendes Riff mit einem russischen Panzer in etwa 6 m Tiefe.
- **Big Bay,** 1 km nördlich des Royal Diving Clubs, im südlichen Bereich »Paradise« genannt, Vorkommen der seltenen schwarzen Korallen.
- **Saudi Border Wall,** direkt nördlich der Grenze zu Saudi-Arabien, steil abfallendes Riff, an dem Schildkröten, Napoleonfische sowie Weißspitzenriffhaie und Hammerhaie zu sehen sind.

GEFAHREN UNTER WASSER

So schön die Unterwasserwelt auch ist, sollte man doch einige Vorsichtsmaßnahmen beachten. Gegen die schlecht zu entfernenden Stacheln der Seeigel und die der äußerst giftigen, oft halb im Sand verborgenen Steinfische helfen Badeschuhe. Vor den auf der Haut brennenden Quallennesseln kann man sich kaum schützen. Essig hilft, das Gift zu neutralisieren, auch Urin kann als erste Hilfsmaßnahme den Schmerz lindern. Verletzungen durch Korallen heilen schlecht, wenn die Wunde nicht professionell gesäubert wird. Haifischangriffe sind dagegen äußerst selten.

UNTERWEGS IM WADI RUM

WADI RUM 2 ⭐ ▮ C18–D19

Unter den vielen Wadis, den meist trockenen Flusstälern, die das Gebiet im Osten von Aqabah durchziehen, ist das Wadi Rum das unbestritten eindrucksvollste. Der Name des Flusstals geht auf den nahe gelegenen Jebel Rum zurück, dessen Sandsteinformationen dem Tal einen rötlichen Schimmer verleihen.

Die einmalige Landschaft entstand vor etwa 30 Millionen Jahren im Zuge derselben tektonischen Katastrophe, die auch den Großen Ostafrikanischen Grabenbruch, der von Syrien über das nahe Tote und Rote Meer bis nach Kenia verläuft, hervorgebracht hat. Ihre heutigen bizarren Formen verdanken die rötlichen Sandsteingipfel und der darunter liegende dunkle Granit der in diesem harschen Klima extremen Erosion. Spätestens in der Morgen- oder Abendstille entdeckt man, dass das Wadi Rum auch Lebensraum vieler Tiere ist. Mit etwas Glück begegnet man Steinbock, Fuchs oder Felskaninchen, seltenen Arten von Finken, Drosseln und Spatzen oder sieht Geier kreisen.

Etwa tausend Beduinen leben noch im Wadi Rum. › mehr S. 13 Punkt ❿ Bitte respektieren Sie deren Traditionen und halten Sie sich mit Werturteilen zurück. Kindern sollten Sie keine Süßigkeiten oder andere Mitbringsel schenken; übergeben Sie im Fall einer Einladung alle Gastgeschenke dem Hausher-

Traditionelles Beduinenzelt im Wadi Rum

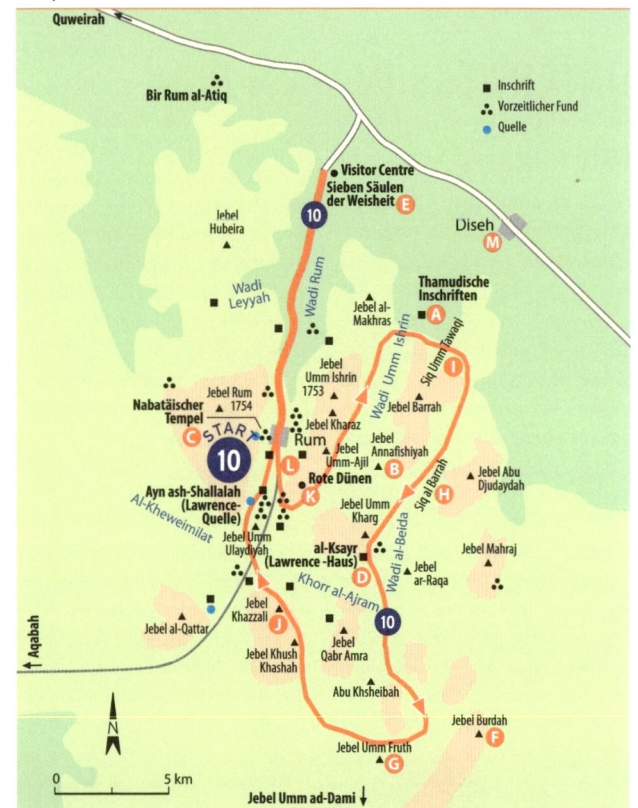

TOUR IM WADI RUM

TOUR 10

KAMELTREKKING IM WADI RUM > S. 132

Rum Village > Wadi Umm Ishrin > Rote Dünen > Siq al-Barrah > Wadi al-Beida > Al-Ksayr > Jebel Qabr Amra > Jebel Umm Fruth > Jebel Khazzali > Ayn ash-Shallalah > Rum Village

A Alamalah-Inschriften
B Jebel Annafishiyah
C Nabatäischer Tempel
D al-Ksayr (Lawrence-Haus)
E Sieben Säulen der Weisheit
F Jebel Burdah
G Jebel Umm Fruth
H Siq al-Barrah
I Siq Umm Tawaqi
J Jebel Khazzali
K Rote Dünen
L Rum Village
M Diseh

ren oder (als Frau!) der Hausfrau. Angemessene, d.h. körperbedeckende Kleidung sollte selbstverständlich sein. Die Wüste um das Wadi Rum ist seit der Öffnung für den Tourismus großen Belastungen ausgesetzt. Denken Sie bitte stets daran, keinen Abfall zu hinterlassen (kann im Visitor Centre entsorgt werden), Wasser sparsam zu verwenden, Quellen nicht zu verschmutzen und keine offenen Feuer zu machen. Bitten Sie Ihren Fahrer darum, auf den bereits vorhandenen Pisten zu bleiben.

BUCHTIPP:
Niemand hat die Reize des Wadi Rum so poetisch beschrieben wie 1926 Thomas Edward Lawrence, der legendäre Lawrence von Arabien, in »**Die sieben Säulen der Weisheit**« (Ullstein 2018). Den britischen Sprachforscher, Archäologen, Agenten und Militärberater führten seine Aufträge während des Arabischen Aufstands in den Jahren 1917/ 1918 immer wieder hierher.

SCHRIFTEN, SCHLUCHTEN, FELSBRÜCKEN

Die Gegend war eines der ersten Siedlungsgebiete im jordanischen Raum. Funde belegen, dass hier bereits im 9. Jahrtausend v. Chr. Feldbau und Tierzucht betrieben wurden. Inschriften und Zeichnungen an den Felswänden datieren allerdings erst aus den Jahrhunderten kurz vor und nach der Zeitenwende. Besonders gut erhalten sind die **Alamalah-Inschriften** Ⓐ nahe den Sieben Säulen der Weisheit und jene am **Jebel Annafishiyah** Ⓑ. Auch zwei nabatäische Bauten finden sich

im Wadi Rum: der **Nabatäische Tempel** Ⓒ nahe der **Lawrence-Quelle** (Ayn ash-Shallalah), die T. E. Lawrence schwärmerisch beschrieb, und **al-Ksayr** Ⓓ, das sogenannte Lawrence-Haus – wohl ebenfalls ein Sakralbau – am Jebel Umm Kharg.

Direkt am Visitor Centre ragen die **Sieben Säulen der Weisheit** Ⓔ auf, eine spektakuläre Felswand und ein gutes Kletterrevier › S. 33.

Zu den Naturwundern zählt auch eine Reihe von Felsbrücken. Bei Kletterern beliebt ist die hoch gelegene Brücke am **Jebel Burdah** Ⓕ. Besonders fotogen ist die ebenfalls im Süden gelegene Brücke am **Jebel Umm Fruth** Ⓖ. Die größte Brücke liegt außerhalb des Naturparks am **Jebel Kharraz.**

Einige Felsschluchten, darunter der **Siq al-Barrah** Ⓗ und der wenig nördlich gelegene **Siq Umm Tawaqi** Ⓘ, lassen sich mit Geländewagen befahren. Oft besucht wird die schmale, nur zu Fuß zu erkundende Klamm, die etwa 150 m in den **Jebel Khazzali** Ⓙ hineinführt und an deren Seiten viele Inschriften zu erkennen sind.

Klassische Sanddünen sind im Wadi Rum selten. Die meistbesuchten sind die **roten Dünen** Ⓚ, die sich an den Flanken des Jebel Umm Ulaydiyah auftürmen.

RUM VILLAGE Ⓛ

11 km südlich des Visitor Centre liegt das Dorf Rum am Fuß des Jebel Rum (1754 m). Vor einem Vierteljahrhundert noch ein von der Welt vergessenes Beduinennest, ist heute der Parkplatz vor dem nördlich des

Ortes gelegenen Besucherzentrum oft mit Reisebussen vollgeparkt.

Rum besteht aus einigen Zelten und Häusern, einer Schule, dem Rasthaus und einem Fort. Letzteres wurde in den frühen 1930ern von Glubb Pascha, dem britischen Oberbefehlshaber für Transjordanien, als Hauptquartier für das Desert Camel Corps erbaut.

DISEH Ⓜ

Die Straße nach Diseh, einer kleinen Siedlung ohne nennenswerte Sehenswürdigkeiten, zweigt am Polizeiposten etwas westlich vom Visitor Centre ab. Die Stämme von Diseh und Wadi Rum stehen in einem gewissen Konkurrenzkampf zueinander, denn beide leben von den Einkünften aus dem Tourismus.

Die Einsamkeit der Wüste lässt sich im Wadi Rum intensiv spüren

Von Diseh aus erreicht man sowohl den **Jebel Barrah** mit seinem kilometerlangen Siq als auch die Gebiete nördlich der Eisenbahntrasse gut.

INFO

Visitor Centre

Im Besucherzentrum (tgl. 7–19, Sommer 8–16 Uhr) zahlt man die Eintrittsgebühr, es gibt ein kleines Museum, Shops, Sanitäranlagen und ein Restaurant. Die Preise für Geländewagenfahrten oder Kamelritte sind an Tafeln angeschlagen. > mehr S. 12 Punkt ❸ Eine Geländewagenfahrt zum Jebel al-Khazzali z. B. kostet 35 JD (2 Std., max. 6 Pers.), zum Siq al-Barrah 68 JD. Besonders in der Hochsaison (April/Mai und Sept.–Nov.) empfiehlt sich dringend eine Vorabbuchung. Bitte buchen Sie Ihre Tour im Visitor Centre, auch wenn Ihnen außerhalb günstigere Preise angeboten werden: Die Fahrer sind in einer Kooperative organisiert und erhalten die Fahrten der Reihe nach. Eine Buchung außer der Reihe schädigt die Kooperative.

• am Eingang zum Wadi Rum
Tel. 03/209 10 00 | www.aqaba.jo

Vorsicht, wenn Ihnen in Wadi Musa, Amman, Dana oder Aqabah ganz billig Touren ins Wadi Rum angeboten werden. Diese »Agenten« haben keine Erlaubnis, Touren im eigentlichen Nationalpark – also zu den wirklichen Highlights – durchzuführen!

CAMPS

Im Wadi Rum gibt es keine Hotels, dafür aber gut ausgestattete Beduinenlager. Diese verfügen über schwarze Beduinenzelte und/oder kleine Zelte mit Matratzen und Decken sowie einen Sanitärblock. Generell

wird die Übernachtung mit Halbpension angeboten (für die beiden unten genannten Camps kostet dies 30 JD).
Die Camps von Diseh gerade außerhalb der »Protected Zone« des Wadi Rum bieten im Prinzip dieselben Leistungen wie jene im Wadi. Sie müssen allerdings die strengen Auflagen, die für die Camps in der Protected Zone gelten, nicht erfüllen und sind deswegen meist größer und lauter.

Mohamad Mutlag Camp €
Ausstattung wie oben beschrieben; allein schon die Anreise vom Visitor Centre per Kamel (2,5 Std., 20 JD) oder Allradauto (im Übernachtungspreis inklusive) ist ein Erlebnis.
• am Jebel Qattar
　Tel. 077/742 48 37 | www.wadirum.org

Captain's Camp €
Wüstencamp mit heißen Duschen; gerne von Gruppen gebucht.
• nahe dem Dorf Diseh
　Tel. 03/206 07 10 | www.captains-jo.com

RESTAURANTS
Rum Gate Restaurant €€
Mittags gibt es ein gutes Büffet, das gern von Gruppen in Anspruch genommen wird. 12–16 Uhr.
• im Visitor Centre | Tel. 03/206 07 10

Wadi Rum Resthouse €
Gute, aber verhältnismäßig teure Küche in spektakulärer Umgebung.
• am Ortseingang Rum Village rechts
　Tel. 03/201 88 67

Wenige Meter weiter bieten mehrere kleine Restaurants gute und preiswerte lokale Gerichte an, wie etwa das **Redwan Paradise** (€, Tel. 079/554 22 77).

DESERT HIGHWAY

Nur wenige Kilometer, bevor sich die Felsmassen des Hochlandes abrupt aus der Wüste erheben, ließ der nabatäische König Aretas III. (um ca. 80 v. Chr.) einen Karawanenstützpunkt erbauen. Obwohl die Gegend auch damals schon relativ trocken war, gelang es den Nabatäern, hier Landwirtschaft zu betreiben, sodass eine ganze Siedlung, **Hawara** 3 ▮ C17, entstand. Diese wurde im Zuge des Ausbaus der Via Nova Traiana im 2. Jh. n. Chr. von den Römern um ein Fort erweitert. Auch in byzantinischer und ummaijadischer Zeit war der Ort weiter besiedelt – mindestens fünf Kirchenbauten und der Neubau des Forts fallen in diese Zeit. Erst in abbasidischer Zeit wurde Hawara komplett verlassen. Die Ruinen werden seit Jahren intensiv erforscht und sind recht gut ausgeschildert (zugänglich bei Tageslicht, Eintritt frei).

Nicht weit hinter der Ortschaft **Humayma al-Djadida** beginnt sich der Desert Highway in scheinbar endlosen Kurven auf das Hochplateau von **Ras an-Naqab** 4 ▮ D16 hinaufzuschrauben.

Wenn man nicht die Absicht hat, in Radjif auf den Königsweg nach Petra (Wadi Musa) abzubiegen, lohnt sich der Umweg über die alte Landstraße hinauf in die Berge. Diese zweigt bei **Dabbat Hanut** nach rechts ab und bietet wahrhaft spektakuläre letzte oder auch erste Blicke hinab in die Wüstenlandschaft der Hismah.

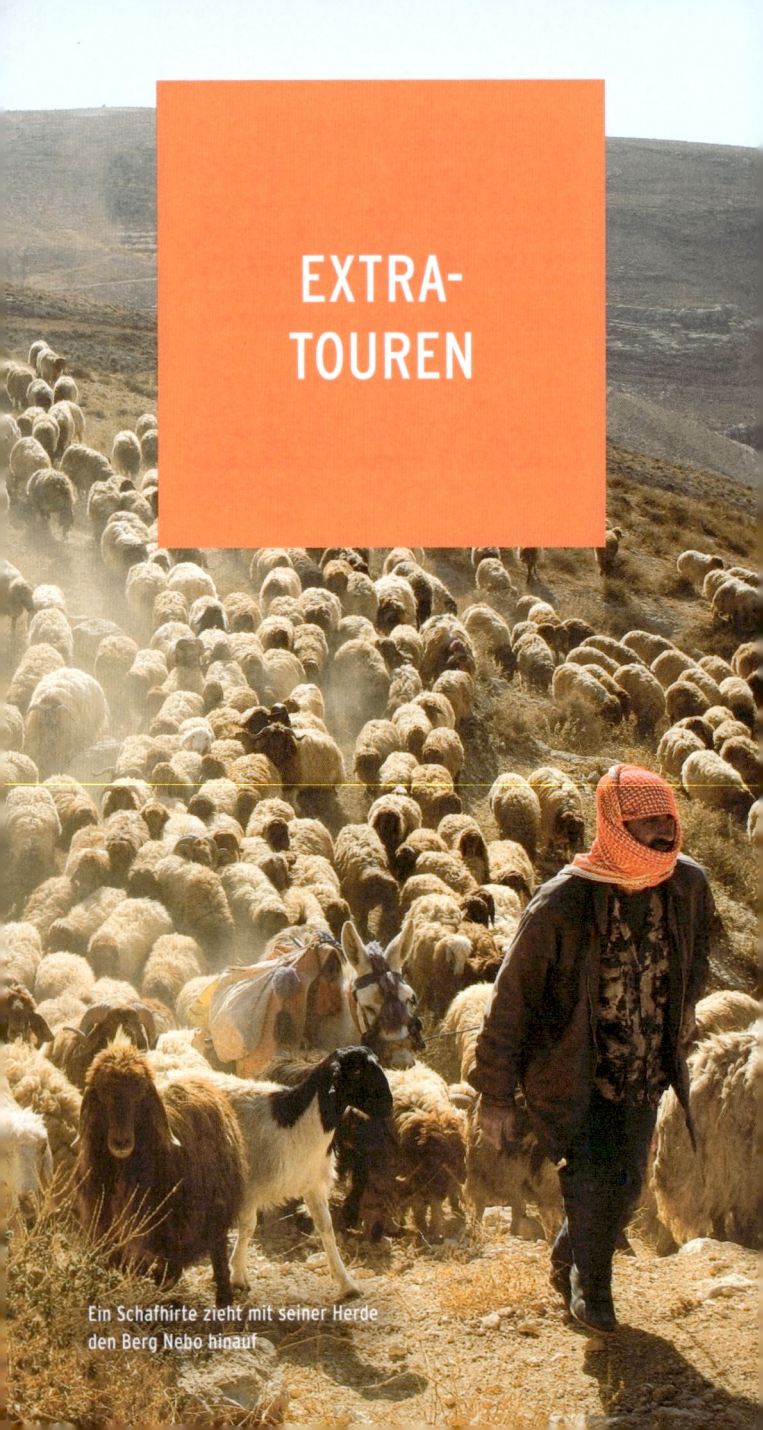

EXTRA-
TOUREN

Ein Schafhirte zieht mit seiner Herde
den Berg Nebo hinauf

EINE WOCHE KLASSISCHES JORDANIEN MIT WELLNESS

ROUTE: Amman › Quasr al-Abd › Salt › Amman › Wüstenschlösser im Osten › Jerash › Ajlun › Bethanien › Totes Meer › Madaba › Kerak › Dana › Petra (Wadi Musa) (› Aqabah) › Amman

KARTE: Klappe hinten

DISTANZEN: Amman › **Qasr al-Abd** › **Salt** › **Amman** ca. 65 km; **Amman** › **Wüstenschlösser** › **Amman** ca. 210 km; **Amman** › **Jerash** › **Ajlun** › **Totes Meer** › **Hammamat Ma'in** ca. 185 km; **Hammamat Ma'in** › **Wadi Musa** ca. 270 km; **Wadi Musa** › **Flughafen Amman** ca. 210 km; (Wadi Musa › Aqabah ca. 125 km; Aqabah › Flughafen Amman ca. 295 km)

VERKEHRSMITTEL: Wegen der gut ausgebauten Straßen, der recht genauen Beschilderung von Orten und Sehenswürdigkeiten und mangels öffentlicher Verkehrsmittel ist ein Mietwagen das Transportmittel der Wahl – mit oder ohne Chauffeur (im Rahmen einer vorgebuchten Pauschalreise wird der Mietwagen meist mit Fahrer angeboten).

Wer sich für eine Verlängerung der Tour in Aqabah entscheidet: Die Royal Jordanian Airlines bietet Flüge von Aqabah via Amman nach Deutschland an. Andere Airlines fliegen von Amman nach Deutschland, dann geht es per Mietwagen, Bus oder organisiertem Transfer in drei Stunden zum Hauptstadtflughafen.

Diese Rundreise im Mietwagen verknüpft die wichtigsten Sehenswürdigkeiten mit dem Komfort und den Wellnessangeboten exzellenter jordanischer Hotels. Standorte sind Amman, Suweima am oder Hammamat Ma'in oberhalb des Toten Meers und Wadi Musa (Petra). Auf Wunsch kann man die Tour um einige Badetage in Aqabah am Roten Meer verlängern.

Für **Amman** › S. 54, wo Sie die ersten Nächte verbringen, empfiehlt sich ein zentral gelegenes Hotel wie das InterContinental. Am Vormittag des ersten Tages erkunden Sie die Hauptstadt mit der Zitadelle und dem römischen Stadtzentrum. Nachmittags können Sie das idyllisch gelegene **Qasr al-Abd** › S. 66 und **Salt** › S. 67 mit seiner osmanischen Altstadt besuchen.

Früh aufstehen müssen Sie am zweiten Tag, denn spätestens um 8 Uhr sollten Sie zu den Wüstenschlössern im Osten aufbrechen: dem kubischen **Qasr al-Kharana** › S. 88 und dem üppig ausgemalten **Qusair Amra** › S. 89. Anschließend geht es zum **Qasr Azraq** › S. 90, wo Lawrence von Arabien

Die König-Abdullah-Moschee in Amman öffnet ihre Tore auch für Nichtmuslime

💬 ON TOUR IN JORDANIEN

Jordanien ist ein kleiner Staat, den man problemlos an einem Tag von Nord nach Süd durchqueren kann. Die landschaftliche und kulturelle Vielfalt lädt jedoch dazu ein, sich Zeit zu lassen und Schwerpunkte zu setzen. Buchen Sie für die Hochsaison › S. 24 Hotels und ggf. den Fahrer schon vorab und planen Sie alle Touren so, dass Sie die Show »Petra by Night« (nur Mo, Mi, Do) › S. 122 nicht verpassen, bei der man die eindrucksvollen Bauten der Nabatäerstadt im Schein Tausender Kerzen genießen kann.

einen ganzen Winter ausharrte. Auf dem Rückweg nach Amman besuchen Sie noch das **Qasr al-Hallabat** › S. 91 mit der bewegten Geschichte.

Der Vormittag des dritten Tages ist einer der interessantesten Ruinenstädte Jordaniens gewidmet: **Jerash** › S. 73 mit seinen gut erhaltenen Tempeln und Theatern. In **Ajlun** › S. 77 erkunden Sie die verwinkelten Gänge des unter Salah ad-Din errichteten Forts. Über eine kurvige Straße geht es anschließend hinunter zum Jordan. Am Nordrand des Toten Meeres können Sie **Bethanien** › S. 100, die Taufstätte Jesu, besuchen. Anschließend genießen Sie ein vergnügliches Bad im **Toten Meer** › S. 98. In einem der luxuriösen Resorts am Toten Meer oder in **Hammamat Ma'in** › S. 107 sollten Sie sich zwei Nächte und einen schönen Wellnesstag gönnen.

Am fünften Tag geht es über den landschaftlich reizvollen, kurvenreichen Königsweg nach Wadi Musa. Brechen Sie spätestens um 8 Uhr auf! Stopps bieten sich in **Madaba** › S. 103 mit seinen Kirchen und bei den Kreuzritterburgen von **Kerak** › S. 109 und **Shawbak** › S. 114 an. Ziel des Tages ist **Wadi Musa** › S. 127, Ausgangsort für die Besichtigung der berühmten Nabatäerstadt **Petra** › S. 115. Hier sollten Sie mindestens zwei Nächte einplanen.

Am siebten Tag kehren Sie über den **Desert Highway** › S. 143 nach Amman zurück oder Sie verbringen noch einige entspannte Badetage in **Aqabah** › S. 134 am Roten Meer, wo man auch hervorragend tauchen und schnorcheln kann.

ZWEIWÖCHIGE ERLEBNISRUNDREISE

ROUTE: Amman > Wüstenschlösser > Gadara > Irbid > Jerash > Ajlun > Totes Meer > Madaba > Dana > Petra (Wadi Musa) > Wadi Rum > Aqabah > Amman

KARTE: Klappe hinten
DISTANZEN: Amman > Qasr al-Abd > Salt > Fuheis > **Amman** ca. 65 km; **Amman** > **Wüstenschlösser** > Umm Qays > Irbid ca. 315 km; **Irbid** > **Jerash** > **Ajlun** > **Totes Meer** ca. 175 km; (Totes Meer > Madaba ca. 35 km); **Totes Meer** > **Madaba** > **Dana** ca. 195 km; **Dana** > **Wadi Musa** ca. 56 km; **Wadi Musa** > **Wadi Rum** ca. 110 km; **Wadi Rum** > **Aqabah** ca. 74 km; **Aqabah** > **Amman (Flughafen)** ca. 295 km
VERKEHRSMITTEL: Die Tour ist am besten per Mietwagen zu machen › S. 145. Wanderungen sind teils verpflichtend mit lokalen Führern zu buchen (Info und Reservierung bei der Royal Society for the Conservation of Nature in Amman › S. 60). Eine Vorabbuchung der Aktivitäten im Wadi Rum (Jeepfahrten, Kameltreks, Wanderungen) bei einem spezialisierten Veranstalter › S. 31 ist ratsam.

Diese umfassende Erlebnistour bietet sowohl kulturelle Highlights als auch Landschaftserlebnisse, international geprägte sowie charmante landestypische Hotels. Der abschließende Aufenthalt in Aqabah am Roten Meer lässt sich nach Belieben verlängern.

Wählen Sie für die ersten Nächte in **Amman** › S. 54 ein zentral gelegenes Hotel oder eine Unterkunft in dem angesagten Viertel Shmeisani.

Am ersten Tag bummeln Sie durch die lebhaften Gassen um die Al-Hussein-Moschee, besuchen den Zitadellenhügel und das Römische Theater. Nachmittags erkunden Sie die hellenistischen Ruinen des **Qasr al-Abd** › S. 66 im fruchtbaren Wadi es-Sir. Beschließen Sie den Tag mit einem vorzüglichen Abendessen in **Fuheis** › S. 66, bevor Sie nach Amman zurückkehren.

Der zweite Reisetag führt zu den Wüstenschlössern im Osten und entspricht dem zweiten Tag der Tour ⑪ › S. 145. Sie fahren jedoch noch weiter nach **Gadara** › S. 78 (Museum geöffnet bis 17 Uhr) und übernachten im nahe gelegenen **Irbid** › S. 73.

Am dritten Tag geht es – entsprechend dem dritten Tag der Tour ⑪ › S. 146 – nach **Jerash** › S. 73, **Ajlun** › S. 77 und schließlich zum **Toten Meer** › S. 98. Die nächsten zwei Nächte können Sie in einem luxuriösen Resort am Toten Meer, in **Hammamat Ma'in** › S. 107 oder in einem der vielen kleinen Hotels in **Madaba** › S. 103 verbringen.

In Ajlun offeriert ein Beduine den traditionellen Minztee

Der vierte Tag lädt zu einem Bad im Toten Meer ein. Die großen Hotels bieten Tagestickets zur Nutzung ihrer Anlagen an.

Am fünften Tag fahren Sie über den landschaftlich reizvollen Königsweg nach **Dana** › S. 111 und übernachten dort z. B. im Dana Guesthouse. Zwischenstopps lohnen sich im christlich geprägten **Madaba** › S. 103 – falls Sie nicht ohnehin hier übernachten –, außerdem in **Kerak** › S. 109 sowie in **Kirbat at-Tannur** › S. 111.

Am Vormittag des sechsten Tages unternehmen Sie eine halbtägige Wanderung (z. B. Waterfalls Trail) im **Dana Nature Reserve** › S. 112. Anschließend fahren Sie zur Kreuzfahrerfeste **Shawbak** › S. 114 und weiter nach **Wadi Musa** › S. 127, dem Eingangstor zur Nabatäerstadt **Petra** › S. 115. Nehmen Sie sich für die kommenden vier Nächte ein beim Siq gelegenes Hotel.

Die nächsten drei Tage sind ganz den großartigen Bauten der Nabatäermetropole Petra und den Schönheiten ihrer Umgebung gewidmet. Verpassen Sie keinesfalls die Show »Petra by Night« › S. 122.

Am zehnten Tag gelangen Sie von Petra ins **Wadi Rum** › S. 139. Sofern Sie Ihre zweitägige Tour (Geländewagentour oder Kameltrekking) bereits vorab gebucht haben, wartet am Visitor Centre die lokale Begleitmannschaft. Ansonsten kann man sich direkt im Infozentrum eine Tour zusammenstellen lassen, die zwei Übernachtungen im Wüstencamp oder in Zelten beinhaltet.

Am zwölften Tag kehren Sie morgens zum Visitor Centre zurück und fahren nach **Aqabah** › S. 134 am Roten Meer. Mindestens zwei Tage sollten Sie zum Entspannen, Tauchen und Schnorcheln einplanen, bevor es vom Flughafen **Amman** › S. 26 aus zurück in die Heimat geht.

18-TÄGIGE WANDER- UND NATURREISE

ROUTE: Amman › Wüstenschlösser › Azraq › Ajlun › Jerash › Totes Meer › Wadi Mujib › Feinan › Aqabah › Wadi Rum › Petra (Wadi Musa) › Dana › Kerak › Muqawir › Madaba › Amman

---

KARTE: Klappe hinten
DISTANZEN: **Amman** › **Azraq** ca. 100 km; **Azraq** › **Ajlun** ca. 152 km; **Ajlun** › **Jerash** › **Umm Qays** › **Pella** › **Ajlun** ca. 145 km; **Ajlun** › **Wadi Mujib** ca. 120 km; **Wadi Mujib** › **Feinan** ca. 130 km; **Feinan** › **Aqabah** ca. 165 km **Aqabah** › **Wadi Rum** ca. 62 km; **Wadi Rum** › **Wadi Musa** ca. 94 km; **Wadi Musa** › **Dana** ca. 58 km; **Dana** › **Madaba** ca. 168 km; **Madaba** › **Amman (Flughafen)** ca. 23 km
VERKEHRSMITTEL: Mietwagen mit oder ohne Fahrer. Die meisten Wanderungen muss man verpflichtend mit lokalen Führern unternehmen und in Amman bei der RSCN › S. 60 vorab buchen. Zwischen den Stationen Feinan und Wadi Mujib besteht die Möglichkeit, zwei Tage in Aqabah am Roten Meer einzubauen. Für das Kameltrekking oder die Geländewagentour im Wadi Rum ist eine Vorabbuchung ratsam.

Kurze Fahrstrecken, ausgiebige Wanderungen in den Naturschutzgebieten des Landes, Tierbeobachtungen und Übernachtungen in umweltverträglichen und familiär geführten Hotels (meist der Royal Society for the Conservation of Nature oder lokaler Kooperativen) kennzeichnen diese nachhaltige Wander- und Naturreise.

Die erste Nacht verbringen Sie in **Amman** › S. 54. Am Vormittag des ersten Tages ist Zeit für die Erkundung der lebhaften Gassen um die Al-Hussein-Moschee. Im Wild Jordan Centre › S. 62 erhalten Sie Informationen zu den Projekten der RSCN und können Wandertouren und Übernachtungen vorbuchen. Am Nachmittag fahren Sie über die Wüstenschlösser **Qasr al-Kharana** › S. 88 und **Qusair Amra** › S. 89 zum **Qasr Azraq** › S. 90 und übernachten in der Azraq Lodge › S. 91.

Am zweiten Tag erkunden Sie die Schuzgebiete **Azraq Wetland Reserve** › S. 90 und **Shawmari Wildlife Reserve** › S. 91 samt zugehörigem Museum. Mit etwas Glück können Sie seltene Vogelarten und Oryxantilopen beobachten. Nachmittags fahren Sie über das **Hammam as-Sarah** › S. 92 ins **Ajlun Nature Reserve** › S. 77. Hier bleiben Sie drei Nächte in den Bungalows der Ajlun Forest Lodge, eine der schönsten Unterkünfte im Bergland. Am dritten Tag ist Zeit für eine geführte Wanderung auf dem **Prophet's Trail,** der über eine Distanz von 8,5 km zu den Ausgrabungen in Mar Elias oder über 18 km bis zur Araberfeste Ajlun führt (Rücktransport per Bus im Preis der geführten Wanderung eingeschlossen).

Der vierte Tag ist bedeutenden Ausgrabungen gewidmet: Vormittags besichtigen Sie die äußerst sehenswerte römische Ruinenstadt **Jerash** › S. 73, nachmittags **Gadara** › S. 78 (Umm Qays; Museum geöffnet bis 17 Uhr) und eventuell noch **Pella** › S. 81 (Tab'qat Fahl). In einem der örtlichen Restaurants – in Umm Qays sogar mit Blick auf den See Genezareth – essen Sie zu Abend, bevor Sie zur Ajlun Forest Lodge zurückfahren.

Nach der Besichtigung der verwinkelten Araberfeste **Ajlun** › S. 77 (falls nicht an Tag 3 besucht) fahren Sie am fünften Tag hinunter zum Jordan. Am Nordrand des Toten Meers lohnt ein Abstecher zur Taufstätte Jesu in **Bethanien** › S. 100. Danach lockt ein Bad im **Toten Meer** › S. 98. Anschließend

Die Ruinen der alten Kreuzfahrerfeste Kerak

geht es weiter bis zur Mündung des **Wadi Mujib** › S. 101. Die Mujib Chalets bieten einen wunderbaren Blick über das Tote Meer und sind der ideale Ausgangspunkt für die Wanderung am kommenden sechsten Tag. Besonders empfehlenswert sind der halbtägige **Malaqi Trail** › S. 97 oder der ebenfalls halbtägige Ibex Trail.

Am Morgen des siebten Tages fahren Sie weiter am Toten Meer entlang. Durch das Wadi Arabah geht es nach **Feinan** › S. 113, wo Sie Ranger des Naturreservats zur einfachen, aber geschmackvoll gestalteten Ecolodge › S. 114 bringen, Ihrer Herberge für zwei Nächte. Unternehmen Sie noch am Ankunftsabend die stimmungsvolle »Sunset Tour«.

Am achten Tag bieten sich die geführten Wanderungen zur Feinan Copper Mine oder durchs **Wadi Ghweir** an. Alternativ folgen Sie mit einem Leihrad dem Mountain Bike Trail (7, 15 oder 30 km).

Weiter geht es am neunten Tag nach **Aqabah** › S. 134, wo Sie einen entspannten Strandnachmittag am Roten Meer einlegen oder die faszinierende Unterwasserwelt erkunden können.

Am zehnten Tag fahren Sie ins **Wadi Rum** › S. 139. Am Visitor Centre können Sie Touren buchen; falls das schon vorab geschehen ist, treffen Sie Ihre lokale Begleitmannschaft. Hier beginnt die Geländewagentour › S. 131 oder das Kameltrekking › S. 132 durch die orangeroten Sandsteinfelsen. Sie übernachten zweimal in einem festen Camp oder in Zelten in der Wüste.

Am 12. Tag kehren Sie vormittags ins Visitor Centre zurück. Bald nach dem steilen Anstieg in das Hochland am Ras an-Naqab führt links eine schmale Straße direkt nach **Wadi Musa** › S. 127, dem Eingangstor nach Petra **Petra** › S. 122. Etwas abseits in einem kleinen Talkessel bietet das Ammarin Beduin Camp › S. 128 eine einfache, aber ruhige und stimmungsvolle Unterkunft für die kommenden drei Nächte. Besichtigen Sie in den nächsten drei Tagen ausgiebig die eindrucksvollen Nabatäerbauten, genießen »Petra by Night« und erkundigen sich im Ammarin Camp nach einem Guide für Tageswanderungen – etwa über Al-Beida und **Ad-Deir** › S. 126 ins Zentrum von Petra mit Rückweg durch das Wadi Ma'aysirah.

Am 15. Tag geht es über al-Haysheh nach **Shawbak** › S. 114 und weiter nach **Dana** › S. 111, wo Sie zwei Nächte bleiben. Der 16. Tag ist ein Wandertag im **Dana Nature Reserve** › S. 112. Informationen zu Wegen und Guides im Naturreservat gibt es im Visitor Centre.

Am Vormittag des 17. Tages besuchen Sie noch das kleine Museum und die Silberwerkstätten von Dana. Planen Sie auf der Weiterfahrt eine gute Stunde für die Kreuzfahrerfeste **Kerak** › S. 109 ein. Lohnend ist auch der Besuch von **Muqawir** › S. 108 mit dem Bani Hamida House. Abends treffen Sie in **Madaba** › S. 103 ein, wo Sie zwei Nächte bleiben. Der christlich geprägte Ort lädt am nächsten Tag zu einem Bummel ein. Versäumen Sie auf keinen Fall den Blick vom **Berg Nebo** › S. 106 über das Tote Meer.

Am nächsten Morgen erreichen Sie rasch den Flughafen von **Amman**.

INFOS VON A–Z

ÄRZTLICHE VERSORGUNG

Krankenhäuser und ärztliche Behandlung in Amman und Aqabah haben fast westeuropäisches Niveau. **Deutschsprachige Ärzte** nennen die Botschaften in Amman. Eine Auslandskrankenversicherung, die den Rücktransport im Notfall einschließt, ist unerlässlich, achten Sie darauf, dass auch Unfälle gedeckt sind. Apotheken führen das im Allgemeinen gängige europäische Sortiment.

BARRIEREFREIES REISEN

Einrichtungen für Behinderte sind selten. Deren Existenz sollte man vor Buchung einer Pauschalreise erfragen. In Petra können Behinderte mit Pferdekutschen zu den Hauptsehenswürdigkeiten gelangen. Im Wadi Rum stehen (kaum gefederte) Wagen bereit. An anderen Sehenswürdigkeiten sehen sich v. a. Rollstuhlfahrer häufig mit Problemen konfrontiert.

DIPLOMATISCHE VERTRETUNGEN

Jordanische Botschaften
- Heerstr. 201, D-13595 Berlin,
  Tel. 030/36 99 60-0,
  www.jordanembassy.de
- Rennweg 17/4, A-1030 Wien,
  Tel. 01/405 10 25, info@jordanembassy.at (für touristische Anfragen),
  www.jordanembassy.at
- Thorackerstr. 3,
  CH-3074 Muri bei Bern,
  Tel. 031/384 04 04,
  info@jordanembassy.ch

Botschaften in Jordanien
- Deutschland:
  Benghasi St. 25, Jebel Amman,
  Tel. 06/590 11 70, www.amman.diplo.de
- Österreich:
  Mithqal Al-Fayez St. 36,
  Jebel Amman, Tel. 06/460 11 01,
  www.aussenministerium.at/amman
- Schweiz:
  Abdul Jabbar Al-Rawi St. 4, Amman,
  Tel. 06/593 14 16,
  www.eda.admin.ch/amman

EIN- & AUSREISE

EU-Bürger und Schweizer benötigen ein Visum, das es an den Flughäfen in Amman und Aqabah oder bei den Diplomatischen Vertretungen Jordaniens gibt, die Gebühr beträgt 67,50 EUR, die bar oder per Kreditkarte zu zahlen ist. Der Reisepass muss noch mind. 6 Monate nach Einreise gültig sein. Das Touristenvisum gilt 3 Monate. Wer länger als zwei Wochen bleibt, muss sich nach 14 Tagen einen Stempel auf der Polizeistation einer größeren Stadt holen (gilt nicht bei Gruppenvisa).

Devisen dürfen uneingeschränkt ein- und ausgeführt werden. Die Einfuhr Jordanischer Dinar (JD) ist allerdings auf kleine Beträge (bis ca. 50 EUR) begrenzt. Bei der Ausreise wird eine Gebühr von 30 JD fällig. Sie ist im Flugticketpreis bereits enthalten, muss aber beim Verlassen Jordaniens auf dem Landweg an der Grenze gezahlt werden.

ELEKTRIZITÄT

Die Spannung liegt bei 220–240 V. Der Eurostecker passt meistens, aber gelegentlich findet man dreipolige britische Stecker vor (Adapter sind in größeren Hotels erhältlich).

FEIERTAGE

- Islamische Feiertage › S. 46
- Gesetzliche Feiertage:
  1. Jan. (Neujahr), 30. Jan. (Geburtstag König Abdullah II.), 1. Mai, 25. Mai (Unabhängigkeitstag), 14. Nov. (Gedenktag anlässlich des Geburtstags von König Hussein), 25. Dez. (Weihnachten).

FOTOGRAFIEREN

Außer an Militäranlagen, in Sperrzonen (z. B. Jordangraben) und am Königspalast darf man überall fotografieren. Doch die muslimische Tradition verbietet die Abbildung von Menschen. Seien Sie also höchst zurückhaltend und fragen Sie immer um Erlaubnis (das geht auch in Zeichensprache). Speicherchips git es in Amman. Film- und Fotomaterial ist erheblich teurer als in Europa.

FRAUEN ALLEIN UNTERWEGS

Dezent gekleidet (körperbedeckend, lange Haare zusammengebunden) werden Frauen keine Problem haben. Verhalten Sie sich Männern gegenüber höflich, aber reserviert. Die internationalen Medien verbreiten stereotype Rollenbilder von der freizügigen westlichen Frau. Umso wichtiger ist angemessenes Verhalten. Falls Sie dennoch mal in eine heikle Situation geraten, zögern Sie nicht, Passanten um Hilfe zu bitten oder laut das Wort »ayb« (Schande) zu rufen.

GELD UND WÄHRUNG

Landeswährung ist der Jordanische Dinar (JD; »jaydee« oder »lira«), inoffizielle Währung der US-Dollar. Jordanier zählen meist in Piastern. Außerdem sind die Bezeichnungen »qirsh« oder »qrush« (für Piaster) und »dirham« gebräuchlich (1 JD = 1000 Fils; 1 JD = 100 Piaster oder Qirsh; 1 JD = 10 Dirham; 1 Piaster = 100 Fils). Bei Preisauszeichnunen also besser nachfragen, welche Einheit gemeint ist. Rechnungen im Restaurant oder Hotel sind immer in JD ausgestellt.

Gängige Kreditkarten sind Visa und American Express (in Amman Bargeldabhebung am Automaten möglich). In allen touristisch bedeutenden Orten können Sie mir Ihrer Scheckkarte mit Maestro-Funktion und Ihrer PIN Bargeld ziehen. Hotels und Banken akzeptieren auch Mastercard. Fremdwährungen und Reiseschecks können in Amman und Aqabah getauscht bzw. eingelöst werden.

GESUNDHEIT

Jordanien bietet gute hygienische Standards. Zwar sollte man nicht gerade das Leitungswasser trinken, doch kann man in Restaurants fast unbesorgt auch rohe Speisen und Salate essen.

Empfohlen werden Impfungen gegen Tetanus, Diphtherie, Poliomyelitis, Hepatitis A und Hepatitis B. Die Reiseapotheke sollte Medikamente gegen Magen-, Darm- und Durchfallerkrankungen, Entkeimungstabletten für Trinkwasser sowie Nasen- und Augentropfen (Erkältung, Staub) enthalten.

INFORMATION

- **Jordan Tourism Board (JTB),** P.O. Box 830688, Amman, Jordanien 11183, Tel. 06/567 84 44, www.visitjordan.com
- **Deutschland:** über die Botschaft in Berlin > S. 152
- **Österreich/Schweiz:** über die Botschaft in Wien > S. 152

KLEIDUNG

Geeignet ist körperbedeckende, robuste und strapazierfähige Kleidung aus Baumwolle oder Mikrofaser: von Juni bis Oktober leichte Sommerkleidung, von Oktober bis Juni auf dem Hochplateau und in

📣 URLAUBSKASSE

Tasse Kaffee	0,40–0,60 €
Softdrink	0,40–1 €
Flasche Bier	1,50–2,20 €
Shawarma oder Falafel-Sandwich	0,50–1 €
Portion Baklava	0,30 €
Taxifahrt (10 Min., innerstädtisch)	1,40 €
Mietwagen/Tag	ab 34 €
1l Superbenzin	0,85–1 €

Amman Wollsachen und Regenkleidung. In Aqabah reicht im Winter ein leichter Pullover. Festes Schuhwerk und Sonnenschutz sind unerlässlich. Kurze Hosen (auch für Männer) bzw. kniefreie Röcke sind unangebracht, ebenso schulterfreie oder körperbetonende Kleidung. In der heißen Periode sind Kopf- und Nackenschutz sowie Sonnenbrille unerlässlich.

NOTRUF
Tel. 911: Landesweiter Notruf für Polizei, Rettungsdienst und Feuerwehr.

ÖFFNUNGSZEITEN
Freitag ist der wöchentliche Feiertag. Einige Geschäfte von Christen sind außerdem sonntags zu. Im Ramadan gelten oft andere Öffnungszeiten.
• **Banken:** 8.30–15 Uhr, teils auch 15.30 bis 17.30 Uhr, Fr/Sa geschlossen.
• **Geschäfte:** Supermärkte, große Ketten: 8–20 Uhr, lokale Geschäfte meist 9–18 Uhr (1–2 Std. Pause zwischen 13 und 16 Uhr). Freitag Mittag (Gebetszeit) meist geschl.
• **Post:** Sommer Sa–Do 7–19, Fr 7–13 Uhr, Winter: Sa–Do 7–17, Fr 7–13 Uhr.
• **Restaurants:** meist 13–15 und ab 20 Uhr.

POST
Briefe nach Europa benötigen etwa zwei Wochen. Priority-Briefe muss man mit 800-Fils-, Postkarten mit 400-Fils-Marken frankieren und mit dem Vermerk »barid jowwy/Airmail« (= Luftpost) versehen.

SICHERHEIT
Generell ist Jordanien ein sehr sicheres Reiseland, das die Tradition der arabischen Gastfreundschaft hochhält. Dennoch sollte man wie überall Wertgegenstände und Geld nicht zur Schau stellen. Wegen möglicher Terrorgefahr und der angespannten Situation an der syrischen Grenze rät das Auswärtige Amt (www. auswaertiges-amt.de) zu erhöhter Vorsicht an touristischen Orten und öffentlichen Einrichtungen.

TELEFON UND INTERNET
Internationale Gespräche sind von Telefonzellen möglich (Telefonkarten in Buch- und Schreibwarenläden). Auskunft (auch englisch): Inland Tel. 1212, Ausland Tel. 1213 oder 1322.

Das Mobilfunknetz ist außer in der Wüste gut ausgebaut, die jordanischen Mobilnummern beginnen mit 075, 077, 078 oder 079. Die Roamingkosten sind allerdings horrend, informieren Sie sich vor Reiseantritt bei Ihrem Anbieter. Günstiger ist der Kauf einer jordanischen Prepaidkarte, z. B. von Zain (www.jo.zain.com).

Es gibt vor allem in Amman zahlreiche Internetcafés.
Internationale Vorwahlen: Deutschland 00 49, Österreich 00 43, Schweiz 00 41, Jordanien 00 962.

TRINKGELD
Taxifahrer, Personal in Hotels und Restaurants erwarten 10 % des Rechnungsbetrags, mindestens aber 1 JD.

ZOLLBESTIMMUNGEN
Zollfrei sind persönliche Gegenstände, pro Person eine Foto- und eine Filmkamera, 200 Zigaretten bzw. 50 Zigarren oder 200 g Tabak, 1 l Wein bzw. Spirituosen sowie Parfum für den Eigengebrauch. Videokamera und Laptop müssen bei der Einreise deklariert werden.

Die Ausfuhr von archäologischen und antiken Gegenständen sowie von Korallen und anderen Produkten, die dem Washingtoner Artenschutzabkommen unterliegen, ist streng verboten.

Bei der Wiedereinreise ins Heimatland dürfen pro Person Waren im Wert von 430 EUR (bei Personen unter 15 Jahren nur 175 EUR) bzw. 300 CHF eingeführt werden.

REGISTER

BILDNACHWEIS

Coverfoto Wadi Rum, Jordanien © laif/hemis.fr/Mattes, René
Fotos Umschlagrückseite © Shutterstock/leshiy985 (links); Shutterstock/Sun_Shine (Mitte); Jordan Tourism Board (rechts)

AWL Images/Kozlowski, Karol: 20/21, 115; Fotolia/suronin: 57; gemeinfrei: 69; Getty Images/500px/ALZGHOUL, JA'FAR: 68;Getty Images/EyeEm/Cattaneo, Jan: 84; Getty Images/Kupferman, Jacob: 129; Getty Images/Lewis, Rachel: 54; Huber images/Foulkes, Justin: 6/7; Huber Images/Szyszka: 52/53; imago stock&people: 41; Jahreszeitenverlag/Schweigert, Thomas: 120; Jordan Tourism Board: 23, 25, 60, 67, 76, 79, 90, 101, 106, 112, 123, 130; laif/hemis.fr/Gil, Giuglio: 127; laif/Jaekel, Lutz: 135; laif/Kirchgessner, Markus: 28; mauritius images/age fotostock 1013/Levy, Yadid: 144; mauritius images/Alamy/Zada, John: 13; mauritius images/John Warburton-Lee/Adams, Peter: 63; plainpicture/AWL/Paul Harris photography: 132; plainpicture/Baum, Delia: 94, 99; plainpicture/Cavan Images/Black, Aaron: 47; plainpicture/Mint Images: 36/37; Schapowalow/Borchi, Massimo: 10; Shutterstock/Achiedegids: 72; Shutterstock/Adventure woman: 14/15; Shutterstock/amnat30: 105; Shutterstock/Clara: 139; Shutterstock/cunaplus: 18; Shutterstock/Ivanton, Anton: 9, 150; Shutterstock/Jandi, Attila: 16; Shutterstock/Joozis: 17; Shutterstock/Keitma: 81; Shutterstock/KELENY: 137; Shutterstock/Khabibullina, Iuliia: 102; Shutterstock/leshiy985: 142; Shutterstock/Popova, Tetiana: 146; Shutterstock/RPBaiao: 89; Shutterstock/Sun_Shine: 148; Shutterstock/Vinokurov, Nickolay: 12; stock.adobe.com/akturer: 117; stock.adobe.com/Andronov, Leonid: 109; stock.adobe.com/doethion: 82; stock.adobe.com/Podzorov, Oleg: 27; stock.adobe.com/Reto: 50; stock.adobe.com/vetal1983: 33; stock.adobe.com/WitR: 45; Unsplash/Brown, Jamie: 124; Weiss, Walter M.: 8.

Liebe Leserin, lieber Leser,
wir freuen uns, dass Sie sich für diesen POLYGLOTT on tour entschieden haben.
Unsere Autorinnen und Autoren sind für Sie unterwegs und recherchieren sehr gründlich,
damit Sie mit aktuellen und zuverlässigen Informationen auf Reisen gehen können.
Dennoch lassen sich Fehler nie ganz ausschließen. Wir bitten Sie um Verständnis, dass der
Verlag dafür keine Haftung übernehmen kann.

Ihre Meinung ist uns wichtig. Bitte schreiben Sie uns:
GRÄFE UND UNZER VERLAG
Postfach 86 03 66, 81630 München, Tel. 0 89 / 419 819 41
www.polyglott.de

LESERSERVICE
polyglott@graefe-und-unzer.de
Tel. 0 800 / 72 37 33 33 (gebührenfrei in D, A, CH), Mo–Do 9–17 Uhr, Fr 9–16 Uhr

2. unveränderte Auflage 2020

© 2019 GRÄFE UND UNZER VERLAG GmbH, München
Dieses Buch wurde auf chlorfrei gebleichtem Papier gedruckt.
ISBN 978-3-8464-0424-9

Bei Interesse an maßgeschneiderten B2B-Editionen:
roswitha.riedel@graefe-und-unzer.de

Bei Interesse an Anzeigen:
KV Kommunalverlag GmbH & Co. KG
Tel. 089/928 09 60
info@kommunal-verlag.de

Verlagsleitung Reise: Grit Müller
Verlagsredaktion: Anne-Katrin Scheiter
Autor: Walter M. Weiss
Redaktion: Renate Nöldeke
Bildredaktion: Nora Goth, Marie Danner
Mini-Dolmetscher: Langenscheidt
Umschlaggestaltung & Layout:
Independent Medien Design, München
Horst Moser (Artdirection), Lucie Heselich
Karten und Pläne: Theiss Heidolph
und Kunth Verlag GmbH & Co. KG
Satz: uteweber-grafikdesign
Herstellung: Anna Bäumner,
Gloria Schlayer
Druck und Bindung:
Printer Trento, Italien

PEFC/18-31-506

GRÄFE UND UNZER

Ein Unternehmen der
GANSKE VERLAGSGRUPPE

MINI-DOLMETSCHER ENGLISCH

ALLGEMEINES

Guten Morgen.	Good morning. [gud **mohn**ing]
Guten Tag. (nachmittags)	Good afternoon. [gud af(er**nuhn**]
Hallo!	Hello! [**häll**oh]
Wie geht's?	How are you? [hau ah_ju]
Danke, gut.	Fine, thank you. [fain, **θänk**_ju]
Ich heiße ...	My name is ... [mai **nehm**_is]
Auf Wiedersehen.	Goodbye. [gud**bai**]
Morgen	morning [**mohn**ing]
Nachmittag	afternoon [after**nuhn**]
Abend	evening [**ihw**ning]
Nacht	night [nait]
morgen	tomorrow [tu**morr**oh]
heute	today [tu**deh**]
gestern	yesterday [**jes**terdeh]
Sprechen Sie Deutsch?	Do you speak German? [du_ju spihk **dseh**öhmən]
Wie bitte?	Pardon? [**pahd**n]
Ich verstehe nicht.	I don't understand. [ai **dohnt** anderst**änd**]
Würden Sie das bitte wiederholen?	Would you repeat that please? [wud_ju ri**piht** ðät, **plihs**]
bitte	please [**plihs**]
danke	thank you [**θänk**_ju]
was / wer / welcher	what / who / which [wott / huh / witsch]
wo / wohin	where [wää]
wie / wie viel	how / how much [hau / hau **matsch**]
wann / wie lange	when / how long [wänn / hau **long**]
warum	why [wai]
Wie heißt das?	What is this called? [**wott**_is ðis kohld]
Wo ist ...?	Where is ...? [**wäär**_is ...]
Können Sie mir helfen?	Can you help me? [kän_ju **hälp**_mi]
ja	yes [jäss]
nein	no [noh]
Entschuldigen Sie.	Excuse me. [iks**kjuhs** miðə]
rechts	on the right [on ðə reit]
links	on the left [on ðə left]
Gibt es hier eine Touristeninformation?	Is there a tourist information? [is_ðər_ə **tu**ərist infə**meh**schn]
Haben Sie einen Stadtplan?	Do you have a city map? [du_ju häw_ə **ßi**ti mäpp]

SHOPPING

Wo gibt es ...?	Where can I find ...? [wää kən_ai **faind** ...]
Wie viel kostet das?	How much is this? [hau_matsch is_ðis]
Das ist zu teuer.	This is too expensive. [ðis_is **tuh** iks**pänn**ßiw]
Das gefällt mir (nicht).	I like it. / I don't like it. [ai **laik**_it / ai **dohnt laik**_it]
Wo ist eine Bank / ein Geldautomat?	Where is a bank / a cash dispenser? [**wäär**_is ə_**bänk** / _ə **käsch** dis**pänn**ser]
Geben Sie mir 100 g Käse / zwei Kilo ...	Could I have a hundred grams of cheese / two kilograms of ... [kud_ai häw_ə **hann**drəd grämms_əw tschihs / **tuh kill**əgrämms_əw ...]
Haben Sie deutsche Zeitungen?	Do you have German newspapers? [du_ju häw **dseh**öhmən **njuhs**pehpers]

ESSEN UND TRINKEN

Die Speisekarte, bitte.	The menu please. [ðə **männ**ju plihs]
Brot	bread [bräd]
Kaffee	coffee [**koff**i]
Tee	tea [tih]
mit Milch / Zucker	with milk / sugar [wið_**milk** / **schugg**er]
Orangensaft	orange juice [**orr**əndseh_dseh**uhs**]
Mehr Kaffee, bitte.	Some more coffee please. [ßəm_moh **koff**i plihs]
Suppe	soup [ßuhp]
Fisch	fish [fisch]
Fleisch	meat [miht]
Geflügel	poultry [**pohl**tri]
Beilage	sidedish [**ßai**ddisch]
vegetarische Gerichte	vegetarian food [wädseh ə**tär**iən fud]
Eier	eggs [ägs]
Salat	salad [**ßäl**əd]
Dessert	dessert [di**söht**]
Obst	fruit [fruht]
Eis	ice cream [ais krihm]
Wein	wine [wain]
weiß / rot / rosé	white / red / rosé [wait / räd / **roh**seh]
Bier	beer [biə]
Mineralwasser	mineral water [**minn**rəl wohter]
Ich möchte bezahlen.	I would like to pay. [ai_wud **laik**_tə peh]

CHECKLISTE JORDANIEN

Nur da gewesen oder schon entdeckt?

☐ **PETRA BY NIGHT**
Dreimal wöchentlich tauchen Tausende Kerzen die Eingangs-
schlucht und das Schatzhaus der antiken Stätte in Märchenlicht,
untermalt von Beduinenmusik. › S. 122

☐ **ABTAUCHEN IM AQABAH MARINE PARK**
Die Unterwasserwelt des Roten Meeres ist eine berauschende
Wallfahrt der Sinne, sowohl für Schnorchler als auch für Taucher
gut zugänglich am Riff Japanese Garden. › S. 137

☐ **ANTIKES GADARA**
Zwischen imposanten hellenistisch-römischen Ruinen bekommt
man interessante Einblicke und tolle Ausblicke. › S. 78

☐ **KAMELREITEN IM WADI RUM**
Wo einst Peter O'Toole Lawrence von Arabien mimte, genießen
Sie im Wiegeschritt die erhabene Stille der Wüste. › S. 132

☐ **WANDERN IM WADI DANA**
Das Wildreservat am Rande des großen Grabenbruchs ist ein
Vorzeigeprojekt für sanften Tourismus, seine Erkundung Labsal
für Leib und Seele. › S. 96, 112

☐ **JORDANISCHES NATIONALMUSEUM**
Im neuen Jordan Museum in Amman geht es – auch interaktiv –
auf Zeitreise durchs Haschemitische Königreich. › S. 63

☐ **SUQ VON AMMAN**
Der zentrale Markt von
Amman bietet zwischen
seinen Lebensmittel-,
Kunsthandwerk und
sonstigen Ständen
Orientflair pur. › S. 61

💬 **MITBRINGSEL**

- **Sandflaschen aus Petra:** Bun-
ter Sand, kunstvoll in Fläschchen gefüllt, zeigt den Reich-
tum der Wüste › S. 51
- **Silberschmuck:** Nach traditionellen Vorbildern von Beduinenfrauen gefertigt › S. 51

MEINE ENTDECKUNGEN

....

....

....

....

....

....

....

....

....

....

....

....

....

....

....

....

....

....